U0049078

CONSCIOUS COACHING
THE ART & SCIENCE OF BUILDING BUY-IN

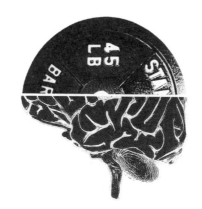

教練生涯最重要的一堂課，
與運動員建立深度連結，成就運動表現的科學與藝術

布雷特‧巴塞洛繆 Brett Bartholomew__著　　　王清景__譯

生活風格 FJ1063

心志教練

教練生涯最重要的一堂課，與運動員建立深度連結，
成就運動表現的科學與藝術
Conscious Coaching: The Art and Science of Building Buy-In

作　　者　布雷特・巴塞洛繆（Brett Bartholomew）
譯　　者　王清景
編輯總監　劉麗真
主　　編　謝至平
責任編輯　鄭家暐
行銷企畫　陳彩玉、朱紹瑄、林子晴
總 經 理　陳逸瑛
發 行 人　涂玉雲
出　　版　臉譜出版
　　　　　城邦文化事業股份有限公司
　　　　　10483 台北市民生東路二段 141 號 5 樓
　　　　　電話：(02) 886-2-25007696　傳真：(02) 886-2-25001952
發　　行　英屬蓋曼群島商家庭傳媒股份有限公司城邦分公司
　　　　　地址：10483 台北市民生東路二段 141 號 11 樓
　　　　　網址：http://www.cite.com.tw
　　　　　客服專線：(02) 2500-7718；2500-7719
　　　　　24 小時傳真專線：(02) 2500-1990；2500-1991
　　　　　服務時間：週一至週五 09:30-12:00；13:30-17:00
　　　　　劃撥帳號：19863813　　戶名：書虫股份有限公司
　　　　　讀者服務信箱：service@readingclub.com.tw
香港發行所　城邦（香港）出版集團有限公司
　　　　　地址：香港灣仔駱克道 193 號東超商業中心 1 樓
　　　　　電話：+852-2508-6231　傳真：+852-2578-9337
　　　　　電郵：hkcite@biznetvigator.com
馬新發行所　城邦（馬新）出版集團
　　　　　【Cite (M) Sdn. Bhd. (458372U)】
　　　　　地址：41, Jalan Radin Anum, Bandar Baru Sri Petaling,
　　　　　57000 Kuala Lumpur, Malaysia.
　　　　　電話：(603) 90578822　傳真：(603) 90576622
　　　　　電郵：cite@cite.com.my
初版一刷　2019 年 3 月
初版五刷　2024 年 3 月

城邦讀書花園
www.cite.com.tw

ISBN 978-986-235-727-9
版權所有・翻印必究
定價　380 元
本書若有缺頁、破損、裝訂錯誤，請寄回更換。

國家圖書館出版品預行編目 (CIP) 資料

心志教練：教練生涯最重要的一堂課，與運動員建
立深度連結，成就運動表現的科學與藝術 / 布雷
特・巴塞洛繆(Brett Bartholomew) 著；王清景譯. --
一版. -- 臺北市：臉譜出版：家庭傳媒城邦分公司發
行, 2019.03
　　300 面；14.8*21 公分. -- (生活風格；FJ1063)
譯自：Conscious coaching : the art and science
　　　of building buy-in
ISBN 978-986-235-727-9（平裝）

1. 教練 2. 領導
528.915　　　　　　　　　　　　　　107022586

致謝辭

獻給我的家人，特別是我親愛的妻子，還有我的摯友們，感謝您們長久以來對我的信任與支持。還有我的心靈導師、編輯群和同事們，感謝您們對這本著作無私地奉獻時間與精力。

· 目 · 錄 ·

推薦序

　　我非常樂意為這本書撰寫序言，並不只是因為布雷特‧巴塞洛繆（Brett Bartholomew）是我多年的好友兼同事，而是我也深信推薦給教練同業們一本好書，讓他們更了解溝通的「藝術」，是一件非常有價值的事。許多實例證明，溝通的「藝術」與科學的訓練同等重要。本書主旨在於被運動員信任的科學與藝術，這將讓你深刻了解溝通「藝術」背後的「科學」證明，同時也是每個教練工具箱內的重要工具。

　　布雷特是撰寫這本書的最佳人選。他目前能夠收入豐厚，歸因於個人不斷地努力，從最基層的無給職實習生開始職業生涯，到研究生助理、帶領球隊，最後才到世界頂尖的訓練中心指導菁英運動員和特種部隊。布雷特最為人所稱道的是，能夠與身邊所有的人打成一片，他不僅身體力行「心志教練」，並且還持續研究與教導心志教練。這也就是為什麼當我聽到他要將自己第一手經驗與資料整合成一本書時興奮無比的緣故。

　　我們都需要這本書，而且時間點就是現在。

　　我在運動界已經超過四十年了，擔任過教育者、教練、

訓練中心主任和無數研究員的角色。我很榮幸能夠到世界各地與不同的頂尖人士共同合作。

即使拜訪過無數的國際頂尖訓練組織，並且從運動表現界的大師身上學到許多，但我還是非常高興，能夠從布雷特這本專門討論教練的「軟實力」上獲益良多，因為撰寫這個主題需要非常全面與審慎地思考。

目前在運動訓練上有一個很大的問題，我稱作「現代化」。因為我們都傾向依賴主流的資訊、技術和科學，來改變行為和增進運動表現。為此，我們通常都會將注意力放在特定的領域，但卻忽略了平衡的概念。布雷特將這個缺口補起來，因為對他來說，不能只注重科學或藝術單一方面，而必須將科學和藝術融合在一起。

心志教練這本書，除了提供思維邏輯給致力於高端運動表現的教練，也概述了如何讓人接受的最新研究。教練讀完本書後，毫無疑問地可以增進與選手之間的關係。當然，關係變好也代表運動表現可以隨之增進。

這本書詳細介紹教學方針的四大支柱：認同（信任）、關係、社會智能（social intelligence）和時間，並且指出教練僅僅了解選手是不夠的，還需要了解自己。布雷特提供許多方法，讓你能夠強化每天的教學指導，也分享了他對如何達到職涯高峰的想法。

　　布雷特表示自負通常是教學指導上的敵人。他從許多讓人尊敬的教練身上，學到有力的思維來實踐自己所宣揚的理念，最後才寫成這本每位運動表現教練書架上都該有的參考書。

　　我真切期盼這本書可以幫助教練們學習、教導與實踐心志教練的藝術。有許多強而有力的證明顯示，心志教練的教學技巧可以透過學習而來，但必須非常認真努力。這將會是非常值得的投資！還有什麼方法能夠比心志教練更能強化教學和學習品質呢？繼續讀下去吧，我相信你將明白沒有更好的方法了。

ALTIS 訓練中心總教練　丹‧普法夫（Dan Pfaff）

指導過十次奧林匹克運動會

四十九位奧運選手（九位選手奪牌）

五十一位世界錦標賽選手（九位選手奪牌）

五十七位國家紀錄保持者

引言

「房屋因智慧建造，又因聰明立穩。」
——箴言 24：3（新國際版）

　　長久以來，不論是已經成為或是希望成為運動表現教練的人，在他們教練生涯的各階段都會面臨一個同樣的問題：「我如果想進一步了解＿＿＿＿，該看哪一本書或哪一篇文章呢？」當然，這個空格通常會填上有科學根據的項目，例如速度、敏捷度、週期化、能量系統、動作評估、增強式訓練、肌力訓練、營養與恢復。除了持續研究這些項目的知識外，運動表現教練還會不斷地問，他們應該取得哪些證照或是參加哪些研討會。最後，運動表現教練會將這些專業知識統合起來，以求知若渴的態度來強化他們的訓練工具箱，以及吸收有科學根據的知識，然後發展出自己的「教學方針」或「訓練法則」。這種與時俱進的學習態度，再加上誠摯地服務選手或團隊（也就是一週七天，一天二十四小時的全年無休），很容易看到現在的運動表現教練，幾乎被日新月異的訓練資訊淹沒了。

　　於是乎，運動表現教練陷入不斷搜尋新的書籍、文章和播客（podcast）的循環中，然後將所有資料儲存於雲端或實體硬碟中。教練犧牲睡眠和與家人團聚的時間學習這些新知（當然這也是我們最不建議選手做的事），不外乎就是想要學習更多方法，比方：讓選手變得更強壯、跑得更快與更具爆發力，或是用最新與最好的動作評估與預防傷害，以及學習如何增加營養攝取與運動表現恢復。但當我們閱讀許多研究資料、參加無數場研討會與同業討論後，發現自己的工具箱裡，雖然信手捻來都是設計課表的方法，但似乎沒有一個可以成功地與人溝通的方法。當你問運動表現教練某個特定訓練方法的歷史，或是討論某個特定理論的起源，他們可以滔滔不絕地說上好幾個小時。但當你請他們列舉哪些領袖具有影響力、溝通能力與厲害的人際互動手腕，或是我們的環境與肢體語言如何影響身邊的人，你卻會發現他們支吾其詞。很不幸地，我們的選手都不是機器人，而是血肉之軀。因此要讓選手的身體動起來，必須先讓他們的心靈動起來。最新科技也許已經超越我們在管理上的能力，但最好的訓練課表並不是透過科技連結來執行，而是由人與人之間的關係。簡單來說，這些科技產品比不上一個有溫度的教練。

　　即使運動表現教練（接下來整本書我也會用「肌力與體能教練」來稱呼）有許多資源可以強化運動生理與訓練方面

的相關知識，但通常較缺乏社會心理（或是心理學）方面的知識讓選手「埋單」。雖然肌力與體能教練每天都會對選手說什麼樣的訓練或營養較好，但通常都不是用選手能夠理解的方式來表達。也因為如此，選手們常常無法達到課表預定的強度，讓訓練效果打折扣。也就是選手的情緒如同進入自動駕駛的狀態，只因為這些是課表上要完成的訓練科目，所以像每天的例行公事一樣。有些選手甚至對訓練課表的目標都不甚了解，和已與教練達到相當默契的選手相比，訓練效果當然就事倍功半。最終造成選手對訓練無動於衷，因為有許多潛能無法被激發，而許多才華洋溢的教練，更是對自己無法激勵選手感到挫折與失望。如果訓練無法確實執行，再好的課表也無用武之地。

　　事實上，教練與選手之間的關係是整個教學過程的重心。成千上萬的教練，包括我自己，都在尋求一本書能明確地指引這方面的教學技巧，教導我們透過了解選手的行為，來強化與選手之間的關係。是否有一本書可以告訴我們如何真正地進入選手的內心世界，理解他們的思維，或可以點燃實習生、年輕教練甚至身經百戰教練，讓他們心中與選手產生連結的火花，而這與訓練肌力和肌肥大時讓他們必須有正確的負荷一樣重要。哪一本書可以教導如何管理桀敖不馴的選手或複雜的組織文化，甚至更進一步與不同運動、社經地

位與心理背景的人，建立信任感與適應溝通方式？

　　或許有人認為已經有人寫過這樣的書了，況且如何有效溝通的研究也不是新鮮事了。西元前二六七五年埃及律法書的相關研究，也有五千年的歷史。現今，我們甚至還有整個學系在研究溝通與行為科學。即使如此，談到如何簡單實際地運用溝通與行為科學來增進運動表現，幾乎沒有相關資訊。當然，你會說書店裡的「心理勵志」或是「領導統御」類書籍就是了，但這一種言詞浮誇且偏向理想主義的書籍，大都欠缺科學根據，而且肯定無法應付高水平運動員在訓練現場的實際需求。另外，雖然有許多世界級冠軍教練的回憶錄與運動員激勵人心的著作，但幾乎沒有一本專門談人類行為，以及它如何影響選手。

　　這本書就是要來填補這個缺口。

　　我撰寫這本書的目的就是希望能夠提醒肌力與體能教練，在工作中要時時認知、記得與強化「人」這個因素。為了增進運動表現，我們當然必須要傳遞正確與科學化根據的訓練技巧，但別忘了我們的溝通技巧也要在同一個水平上，因為訓練課表必須被運動員心悅誠服地接受，才能發揮最大效果。

　　本書的內容，會有許多工具可以幫助你縮短教學技巧與選手思維之間的隔閡。你將會學到有科學研究基礎的溝通與

行為改變方法，這是專門為肌力與體能教練所撰寫的。而且最重要的是，你將會透過許多例子了解如何運用在每天的教學裡，其中包含世界上最棒的運動表現教練的寶貴經驗。這本書雖然是以一位肌力與體能教練的觀點，但卻可運用在任何想要激勵他人的工作上。

　　但本書並不會提供所有解答，也不會倡導立竿見影的方法。教練生涯是一條必須自己親身走過且沒有捷徑的旅程。這本書中所強調的概念，只有當你願意實際執行並且將它融入你獨一無二的教學技巧中，才能發揮它的價值。相信我，我絕對沒有暗藏任何「撇步」。這本書所有的內容都是我透過研究與實際執行後得來的。但再次強調，要發揮這本書的價值，並不是讀完就好，更重要的是，要運用在你與選手的互動上。在你準備開始這趟學習旅程前，請先了解我們的最終目的：成為一位「心志教練」。

成為一位心志教練

　　肌力與體能教練的風格與技巧有百百款。在天平的一端是沒有學術基礎與毫無章法的教練，他們的訓練技巧完全不照準則規章，並且置選手於受傷的風險中。這些人都是詐騙集團的專家，只尋求立竿見影的效果，但無法達到長遠的結果與增進運動表現。在天平另一端的教練則是書香氣息濃

厚，深信只有科學化訓練才是成功王道。他們會謹慎地思考訓練課表中的每個細節，但卻無法了解為什麼訓練的選手都不相信他的課表。

在天秤兩端的中間，我稱為心志教練。長久以來，我一直使用「大師級教練」這個詞彙，但當我讀完海明威「在工藝上我們都只是學徒，沒有所謂的大師」這段話後，我就不再使用這個詞彙了。海明威這段話有如暮鼓晨鐘敲醒了我，讓我理解並沒有所謂的大師級教練。最好的教練並不是自以為自己就是最好的，而是能夠不斷地保持學習熱誠。因此，心志教練誕生了。

心志教練能夠看到事情的大方向，並且能夠在科學與藝術中間找到平衡點。除了了解訓練的相關技術，還能夠配合運動員需求來調整課程。心志教練能夠體會運動員的真正需求，並且透過科學實證的教學過程來幫助他們。將重點放在了解運動員內心的真實世界，我們才能分享欲達成目標的熱情、為了達成目標所要付出的努力，以及如何面對與克服旅途中遇到的挫折。當你仔細觀察心志教練，會發現他們訓練時做每件事都有策略，但卻能自然地呈現出來：從他們調整說話語調的方式到解釋訓練的技巧、面對運動員時應該站在哪裡，還有身體的站姿等等。

心志教練並不是訓練運動員，而是與運動員一起訓練。

當心志教練在訓練時，你將不會看到獨裁的訓練方式。心志教練是透過與運動員的連結而產生。心志教練藉由教導運動員對訓練方法的意識和預期達到的結果，讓運動員自我學習。同時，他們也透過聊天與幽默的溝通方式，與運動員建立融洽的關係。心志教練了解成功地訓練，並不是將不同的訓練技巧加起來就可以了，必須均衡生理、心理、情緒與社交四項元素。因此心志教練要能了解這四項元素。我認為這就是幫助教練將一張毫無生命力的課表，轉化成實際運動表現的催化劑。

　　心志教練最重要的就是被信任。教練與運動員之間需要互信，就像人們需要氧氣才能存活一樣。當你能夠將信任和如何與人更有效地溝通融合在一起，所得到的結果通常都是正面的。當信任結合良好溝通技巧時，就能產生卓越的結果。這讓你能夠更加了解運動員心裡的想法，因此就能根據這些訊息設計出符合目標的課表，並且能夠用運動員說話的方式來溝通。這是目前和未來教練所需要的技巧，如果他們真的想要影響運動領域或其他領域的人。我們通常會花許多時間了解運動員的健康史（例如受傷紀錄或活動度限制因素等），但卻沒有花相同的時間來了解他們的內心世界。也許是因為了解健康史比內心世界容易，因為後者需要信任。

　　你是否真的想要與其他教練有所不同呢？請謹記在心，

當你能夠均衡地展現這些技巧時，運動員一定會對你另眼相看。或許對我們來說這很理所當然，但有許多教練會深陷其中或有時失去了方向，而且通常並不知道為什麼？這有一部分是因為建立信任感與有效地溝通並沒有被清楚地定義、了解、教導、發展或由菁英教練來傳承。

相對地，我們通常將這部分歸納於「教練的藝術」，並用模糊不清的意義來解釋，然後就沒有下文了。這在研討會中通常是很好的主題，並且會吸引許多與會者，但多半沒有完整地表達出應有的內容。

我們通常將「科學」與「藝術」分為兩件事，但事實上兩者密不可分，而且藝術本身是有科學根據的。教練藝術的基礎，就是根據與其他人產生連結的科學研究，這讓我們所分享的資訊更具意義。在現實生活中，無論是第一次見面、訓練課程中或當運動員陷入低潮時，鼓勵他們都是兩者併用。無論是美式足球最有價值的球員、奧運拳擊選手還是想瘦幾公斤的五十五歲媽媽，訓練時都是從良好的互動開始。為了了解如何成功地互動，我們必須將行為科學最新觀點融入我們與眾不同的訓練環境裡，這就是成為心志教練最重要的部分。

第一章

地圖與意義

「地圖不僅僅是一張圖表而已，它蘊含了許多意義；它除了將兩點之間串連起來，也讓我們將兩個截然不同的想法連接在一起。」

——雷夫‧拉森（Reif Larsen）

《天才少年的奇幻冒險》（*The Selected Works of T. S. Spivet*）作者

　　當你看到一張地圖時，映入眼簾的是什麼？一般來說，你會看到由許多高速公路、州際道路或是橋梁所連接而成的地點。通常來說，到達一個目的地會有許多條路可走；有些路可以讓你快速抵達，有些則是讓你慢慢享受沿途的風光。你通常會根據舒適度、安全性或時間來選擇要走的路。當我幫運動員設計訓練課表時，就像在地圖上選擇要走哪一條路一樣。雖然我的訓練方式都是建構在科學化基礎與運動員的身心狀況上，而且最終都能夠幫助運動員到達目的地（特定的生理適應或競技型運動的運動表現），然而直到我教練生涯的後期，我才明瞭用在運動員身上的教學及溝通方式與地圖這麼類似。

　　在你的職業生涯中，無論是擔任教練、經理、教學或領導他人的角色，都需要找出正確的道路。許多路上充滿了生理或心理上的荊棘，只要提早發現，同時具備足夠的能力，便能克服這些障礙，你真的一點都不需要擔心。身為一位心志教練，不論遇到何種艱辛地挑戰，一定能夠找到方法克服。

原則與策略

　　做好上路前的萬全準備很重要，不過有時還是無法避免繞道而行。通常我們身體內建的自動導航系統，會針對這

些無預警的突發狀況，重新設定路線。如果校準正確，這條新的道路一樣可以帶領我們到達預定目的地。但重點是，需要依據一個良好的羅盤來「校準」。因為如果沒有羅盤，這張地圖的價值將會大打折扣。如何有效地使用羅盤，將會決定你在抵達目的地之前是否會迷路。在我們身為教練的羅盤上，有四個重要因素會讓心志教練成為優秀的導師與溝通者：認同（信任）、關係、社會智能和時間。

下面將解釋這四個概念，請詳加閱讀，因為這四個概念會在整本書中不斷地出現。而這對心志教練非常重要。當這些概念加上正確的身體科學知識，就是一般教練與卓越教練的區別了。讓我們從「認同」這項開始吧，因為這是最常誤用的概念。

認同

當你問任何一種運動教練，如何在五分鐘內與一群新的運動員展開訓練，他們通常都會回答關鍵在「認同」。被認同是每個教練都想望的，而真正的認同，是建立在一開始的信任與了解上。事實上，認同就是信任。「信任」是人與人之間的無價之寶。我們時時刻刻倚賴它，即使有時候並沒有感覺到。信任就好比我們開車突然遇到緊急狀況必須停下來時，煞車一定不會失靈；我們的薪水會按時進入戶頭，可

以讓我們及時付清帳單；當我們發生緊急狀況時，最親密的家人與朋友會出現在我們身邊。信任是成長、進步和行動的動力。對教練來說，信任的建立就跟點燃營火的方式一樣，沒有任何捷徑。信任就像營火，必須要一根木頭一根木頭好好地堆疊才能燃燒。信任需要像文火般，才能替我們照耀出一條更清晰的道路。當我們與運動員建立了良好的信任關係時，並不是在他們身上點燃一把火，而是我們與他們一起燃燒，激發出他們所有的潛能。

　　或許有些人會輕視「認同」這個詞。因為如果我們就只是談論信任，為什麼不直接說呢？畢竟，如果我們能夠簡單地表達這件事，還需要另一個名詞嗎？我很感謝這些人未經思考的反應，也很感謝有些人了解其中隱含的寓意。事實上，雖然「認同」不是一個負面的詞，但如果使用錯誤或過度使用，會讓人感到我們在推銷一個他們並不想要的東西，或者是說服運動員接受我們的訓練計畫。最重要的是，不要陷入情緒上的反應。我們要將重點放在這個詞的背景環境而不是字面意思上。不論會引起多少情緒反彈，整本書還是會不斷地提到「認同」。無論你是否同意這個詞，它是不會消失的，所以請你用不同的角度來看，並且透過良好的溝通方式帶入你的日常生活中。

　　當我們與運動員共同訓練時，並不是關注枝微末節的術語，而應該將真正的認同建立在信任的基礎上。這兩者是緊密連結的。常有教練問我如何「得到」運動員的認同。就我的觀點而言，這個問題的立基點是善意的，但我會試著說明認同並不是你可以「得到」、永久保存或被動接收的東西。相對地，這是一種隨著時間建立起來的感覺，並且要透過忠誠、結果和正向行動結合起來才能維持。

　　真正的認同是一步一步從頭開始，並且與運動員產生連結。這需要透過互相尊重，還有將我們所知的科學化訓練用有效的溝通方式，讓運動員可以在真實的訓練環境運用才能維持。認同是心志教練的核心思想，因為它讓我們與所教導、服務與領導的運動員產生非常好的連結。

　　「但如果時間是最大的問題時，我該怎麼辦呢？」或許這是你會提出的問題。我時常提醒教練們要小心這個藉口。在肌力與體能教練界有許多教練將全年無休地工作引以為豪──總是第一個進訓練中心、最後一個離開──我們比其他教練花更多時間與運動員相處。若是如此，我們怎麼能說沒有時間呢？我之前的同事喬爾・桑德斯（Joel Sanders）喜歡說，沒有人會暗示運動員需要與教練有「特別的關係」。這並不是說我們需要用心理治療方式來探索他們內心深處的祕密。只要輕鬆地聊天就好！知名人際關係大師戴爾・卡內

基（Dale Carnegie）告訴我們，關係的建立是從對他人感興趣開始。如果認同是幫助運動員達到目標的關鍵因素，那麼建立關係就是達到認同的關鍵因素。

關係

關係有兩種意涵，第一個是兩個人共同努力來達成目標，第二個則是兩個人之間的相互了解（Knowles, Shanmugan, Lorimet, 2015）。在運動領域中，這是長遠運動表現成功所需的「社交工具」，因為正向的關係可以更強化這個體驗，但負面的關係則會阻礙進步的發展（Knowles, Shanmugan, Lorimer, 2015）。索菲亞・喬伊特（Sophia Jowett）博士，主要研究的領域為人際關係對運動教練的影響，她相信教練與運動員之間的關係，可以透過成功與效果這兩個要素來形成（2005）。成功就是技巧訓練和競賽成績，效果則是專注於個人滿足和獎賞連結。關係是我們影響他人和他人影響我們的根基，建立關係的能力是能否在社會生存的關鍵因素。許多演化心理學專家指出，我們能成為食物鏈頂端是因為能夠彼此合作。如果一個人或部落捕獲一頭獵物，他們會與他人分享這美味的食物，因為未來他們也需要別人的分享。關係是我們生存的關鍵。如果你有關注運動文化，會發現這並沒有多大差別，儘管你到最近的好市多就可以得到超大分量的食

物。教練與運動員、球隊，甚至組織之間，成功的關鍵就是良好的關係。（3 + 1C 理論為發展關係的科學化架構，請參考附錄了解更多。）

社會智能

我對社會智能的定義，是受到國際知名社會科學家羅斯・霍尼韋爾（Ross Honeywill）教練的啟發。根據霍尼韋爾的研究，社會智能就是一個人有特殊的能力，能夠定位、協商和影響社會關係與環境。其他作家例如丹尼爾・高曼（Daniel Goleman）、羅伯・葛林（Robert Greene）和愛德華・李・桑代克（E.L Thorndike，在一九二〇年創造這個名詞），都寫過社會智能相關文章。雖然這些學者對我們了解社會智能很有貢獻，但是他們並沒有詳細探討教練如何將社會智能運用在每天的工作上──特別是與不同背景的運動員一起訓練，以及何種特別的策略可以運用在與運動員的互動上。二〇一四年，陶德・卡珊登（Todd Kashdan）和羅伯特・比斯瓦斯－迪納（Robert Biswas-Diener）合著的《允許自己不快樂：勇敢悲觀、放心落淚，不再強顏歡笑的幸福練習》（*The Upside of Your Dark Side*）有了另一種思維。他們使用「社交敏捷力」（social agility）來取代「社會智能」，這是一種能夠快速辨別不同情況，以及如何調整自己來適應

改變的能力。到目前為止，這兩種定義都有許多衍生意義，但最重要的就是讓「人們更聰明」。感謝支持這些定義的研究，而現在輪到我們第一線的教練，將理論轉為可以實際運用的技術了。

以我個人觀點來說，最常被忽略的真智慧，就是一個人可以避免被很小或不相關事務困擾的能力。為了讓你更了解這個情境，請你想像一下，當你與家人或朋友，在陽光燦爛的午後共享烤肉時光，你手上拿著沁涼的飲料，周遭的人都是你的摯愛。人生至此，夫復何求。你的朋友吉姆跟你說他最近的生活狀況。他與同事下班後每週打三次籃球，調整一成不變的生活。也許你並沒有特別留意或那麼喜歡籃球，但還是對他的故事感到興趣，因為你相信吉姆找到自己喜歡的新事物。現在想像一下，吉姆開始跟你說他的衣服顏色、他朋友最喜歡的鞋子款式、他們每場比賽得到幾分、他們花了多少時間練球和練球費用。

這些細節是否強化了故事？好像並沒有。相同地，如果你問吉姆這些類似的問題，他的反應會如何呢？或許他會給你一些回應，但心裡可能會想，為什麼你要問這些問題呢？然而許多「自認聰明」的人會深陷這些微不足道的瑣事裡，而忽略了信息的重點。奇普・希思（Chip Heath）和丹・希思（Dan Heath）在《創意粘力學》（*Made to Stick*）這本書

中指出，這就是信息的「核心」。社交時展現出強烈糾正他人或過度強調瑣事的正確性，是最快讓關係降至冰點的方法，你除了獲得惹人厭的名號外，沒有別的了。這是社會智能最負面的地方。

　　一個人的社會智能特質應該要融入任何社交環境中。許多同行教練都還沒有體認到一件事，就是與其當團體內最聰明的人，不如當一個最了解整體環境氛圍的人，並且將所獲得的資訊透過他人能夠理解的語言來做有意義的事。溝通的技巧，例如反應式傾聽、開放性肢體語言、重新敘述、幽默和洞察，將可以幫助我們建立良好關係。我們會很自然地將注意力放在證明我們的地位、特殊性、關心或有興趣的事物上。人類在這方面與其他物種非常不同。前哥倫比亞大學人類學教授湯瑪士・詹戈帝塔博士（Thomas de Zengotita），目前任教於道爾頓學校（Dalton School）和紐約大學的德雷普研究所（Draper Graduate Program at NYU），同時也是《哈潑》（Harper's）時尚雜誌的特約編輯，曾經表示：「雖然所有動物都希望得到注意，但只有人類需要獲得別人認同。」（Parr, 2015）事實上，你只要展現出傾聽或表達認同，就可以觸動讓他人感到連結或放鬆的心理反應。當你試著獲得他人注意和接受你的想法時，這將會是一個很好的方法。我們將會在第四章探討情感給予（emotional payments），你會學

到從傾聽者的角度，如何運用不同策略來產生這樣的反應。

　　運用仔細的洞察、產生連結，然後再溝通（語言和非語言），可以讓一個人有真正的社會智能或社交敏捷力，但溝通真正的意涵為何？你可以將溝通想像為內容與連結兩個獨特的元素（Devito, 1986）。當我們第一次與他人溝通時，雙方很容易將注意力放在想傳達給對方的訊息上。試著想想，當你早上站在運動員面前詳細解說訓練課表時，或當你接獲老闆電話告訴你獲得升遷，然後迫不及待地想跟重要的人分享時，是否有類似的情況。這在許多辯論中都會發生，當一方敘述狀況時，另一方只選擇聽取他們可以反擊的論點。不論是要反擊或讚揚對手，他們通常只想到自己接下來要說什麼。當他人在說話時，我們心中也常會產生默讀的現象。所謂「默讀」，就是當我們閱讀或傾聽時，在大腦中產生的字語。這種「沉默的演說」會影響我們與當下環境的連結，並且會干擾我們了解事物的重點。

　　根據以上狀況，當我們急著想將自己的想法說出來的時候，就成了溝通的一部分。這種溝通元素就是我們想要將技巧或戰術教給運動員的主要方法，這對培養運動員能力或運動表現非常重要（Poczwardowski, Barott, and Henschen 2002）。這項要素常常在口頭指導或示範某一動作時看到。因為內容導向溝通技巧的本質會影響運動表現的結果，因此

教練與運動員之間的互動關係非常重要。但這只搞定了一半而已。

　　而另外一半就是連結，這也是「為什麼」兩個人或團體會交換資訊。試著想想為什麼我們會用明示或暗示的方法來「傳遞」訊息——這就是我所謂「說話的藝術」，因為這會讓我們的訊息更加生動與活潑——還有我們說話的語調。當我們在網路上訂購商品時，有許多選項可供選擇，這是傳遞概念（上一句中所使用）的連結暗示。當完成購買後，我們可以選擇貨品何時與如何到達我們手上。肢體語言也是連結要素的一部分，包含眼神接觸、臉部表情和其他非語言的動作，這占了溝通的 70%（Burke, 2005）。一般而言，溝通連結比溝通內容更難，而這也是心志教練與一般教練的區別。經理人或老師們也是如此。舉例來說，當兩個教練在教導一個概念或示範一項動作時，他們可能有相同程度的背景知識，但心志教練可以用更有效的個人風格來傳遞訊息，包括根據受眾來調整連結的要素。教育訓練不只是單純地死背硬記知識而已，我常用一句口頭禪來提醒實習教練，「不要成為經師，要當人師」，因為當資訊個人化時最有力量。這句話說明，我們「如何」與他人溝通的方式，比資訊本身還重要，而這也會影響他人對溝通的反應。

時間

　　到目前為止，我們已經探討過認同、關係和社會智能——包含他們的次元素——現在輪到分析「時間」了。在教練羅盤中，時間代表耐心。在我執教生涯初期，曾經有前輩告訴我，耐心就是「能夠克服挑戰的能力」，也就是能夠幫助我們避免在不安全、驕傲或憂慮的狀態下做出錯誤的決策。在聽到這種說法之前，我從來沒有用這種方式來思考過時間。我過於急躁與熱切地想做些不同的事，因此常會急迫地想要「獲取」運動員的認同，而不是有耐心地慢慢建立好關係。但最後所得到的結果都讓我非常失望，然後我又急著尋找別的方式來加速獲得。但事實上，沒有別的方法比持續地在言行舉止上證明我是發自內心關心運動員有效。我當然知道要有耐心，但我從來沒有在我的生命或職業生涯中被動過，因此我無法等待事情的發生。換句話說，我連想要有耐心的想法都沒有！但這就好像你在爬山時鞋裡有一個小石子，一定要停下來才能把石子拿出來。

　　我曾經因為生病在醫院住了快一年（第二章會說明），因此我想幫助其他人避免相同的錯誤。在那段期間，我吸收了大量的肌力與體能專業知識，並且熱烈地想要與他人分享。因為我不斷告訴自己，必須立刻去做。後來直到我聽了喬依絲‧邁爾（Joyce Meyer）的演說，才了解到耐心的力

量。邁爾清楚地指出，耐心並不只是簡單地「等待」而已，而是「當我們在等待時該如何表現」。這是我聽過最好的引述，因為它不只用了簡單有效的方法來定義這個詞彙，而且也簡述了獲得一項事物最真實的方式。美好的事物是值得等待的，例如料理、建築、訓練、藝術，當然還有我們與他人之間的關係。這也是為什麼好的料理需要花時間烹飪，因為這樣才能帶出所有食材融合在一起的美味，以滿足我們挑剔的味蕾。

　　當耐心用在管理關係上，需要有一致性、關懷和放手的能力。我曾經學過，身為領導者有時唯一能做的就是適時地放手。無論是在人際關係或特定訓練課程──有時候就是要等到人們自己準備好了，因為你無法逼迫他們。運動員可以被領導、指導和關心，只是有時候你已一切就緒，而他們仍在準備中。這是跨理論模式（transtheoretical model）中相當重要的一部分，這是從心理科學來的，探討一個人在準備好接受新的行為或行動時，必須歷經的改變階段（stages of change）。要清楚地了解放手與放棄是截然不同的。有時候要適時地放手才能往前走，當你重新回到連結才會有更緊密的感覺。

　　了解何時往後退一步是同理心很重要的一部分。同理心是領導統御中舉足輕重的特質，也是耐心裡事關緊要的一部

分。我們會在第四章探討同理心的影響力。給不想認真地執行耐心的人一個衷心建議：如果你逼迫得太緊，最終不只在某件事上讓你看起來很愚蠢，而且可能讓運動員對你的尊敬或關係惡化。

　　就好像國際象棋大師一樣，優秀的教練能夠專注在整盤棋上，並且洞悉每一步都是在布局最後的勝利。雖然我們是在等待，但不要忘了持續觀察周遭環境。在這項能力中，我們並不是要立即做出什麼，因為這可能需要一些時間才能知道我們需要做或說什麼。不要害怕先將自己抽離出來，然後持續觀察狀況如何發展。如果你真的遇到瓶頸，先讓自己放鬆一下再順勢而進。這不僅讓運動員有機會真正表達自己的想法，並且可以讓你了解到他們喜歡什麼或如何與他們溝通。換句話說，耐心是最重要的。

尋找我們「真正的方向」

　　我們的羅盤隨著四項重要的校正儀（認同、關係、社會智能和時間）而就定位，現在則需了解自己的基準點。透過了解受眾產生連結的討論非常好，但如何讓訊息更富意涵且有效運用呢？請謹記在心，當我們想要影響他人時，要先從了解對自己的影響開始。「了解你的受眾」這句話，只有當你相信自己工具箱內擁有足夠的工具，可以成功地與他人互

動才有效。假如一位單口喜劇演員，不小心站到交響樂的舞台上，但聽眾是來享受音樂而不是看喜劇演出的，這將會發生許多問題。因為喜劇演員的工具是用來表演喜劇而不是音樂。教練就是領航者，因此我們必須先了解自己的特質，才能發揮最大效益來領導他人。當一個人能夠了解自己的溝通方式和風格，任何社交狀況（無論是一般的聊天或是發表演說）都能游刃有餘。這個過程相當不容易，而且可能在一開始時會嚇到你，但只要多花點時間思考與內省，我們將可以成功地發掘出自己在教學指導上的特性。

第二章
了解自己才能了解運動員

「了解一個人的身、心、靈,並且從自己開始。」

——切斯特菲爾德伯爵(Lord Chesterfield)

　　你還記得生命中第一次突然有所領悟的感覺嗎？也許你會想起在自家地下室健身房內舉了很多組，或是第一次買《健身雜誌》（*muscle rag*）的時刻。在我十四歲時，第一次拿到父親的健身雜誌，就迫不及待地從頭翻到尾，從最好的營養補充品到最新「快速增長」肌肉的訓練方法，我都不放過。我會在大太陽底下實驗每個訓練課表，並且詳細記錄成效。讀完雜誌我會將最喜歡的文章剪下來，並且小心翼翼地用書套保護好，然後整理到三孔資料夾內，並且貼上「增加肌肉尺寸、肌力和肌肉量」的標題。直到今天，我仍然將它們保存在我的床頭書櫃裡。對同行教練而言，我的故事並不特殊。慢慢地，我實際訓練他人的時間取代了半夜埋首苦讀，後來並在南伊利諾大學卡本岱爾校區的小小實驗室中，擔任肌力與體能教練研究助理，持續我的研究。坐在昏暗並且持續發出嗡嗡聲響的燈光下，我不斷地尋找可以幫助我訓練運動員的科學資料、線上期刊和數不清的部落格與網站。那個研究室非常狹小，因此有時候必須離開房間來轉換心情，但它卻是我今日訓練哲學的根基。我想你們應該可以理解從實習、志願和兼職教練到全職教練，是一條非常漫長的艱辛道路。

　　有關於肌力與體能教練工作辛苦的一面——例如很早到很晚離開、需要兼職、睡在車上、準備與保養器材、比賽、

尋求飲食或資金贊助、撰寫履歷和持續進修——已經有許多
業界先進撰寫過了，所以我不會將職業生涯大大小小的事鉅
細靡遺的告訴你。我這樣做除了是對前輩表達尊敬之意，因
為他們已經很清楚地將這份工作的辛苦說出來，再者這不是
我的重點，也不是你旅程中重要的一部分。我們職業生涯的
點點滴滴或許可以提供他人有效的資訊，但最重要的是，在
重訓室外的生活體驗，才能讓我們看見真正的自己和教練本
質。當我有機會在研討會中發表演說時，我都會強調如果你
將發掘自己的訓練哲學擺在教練本質之前，表示你搞錯優先
順序了。探索自己的過去將有助於了解現在的我們，並且可
以幫助我們設定好未來的路。

　　當教練展現出百折不撓的意志和超人般的人格特質時，
肌力與體能可以是個令人感到驕傲的領域。在特別強調「肌
力」的世界中，我們非常鄙視任何有關孱弱的事，但假裝強
壯是否只是為了感覺良好？不知從什麼時候開始，我們對曾
經遭遇過挫折感覺是件很羞愧的事。我總是被教導著，當你
與他人打鬥時，不用害怕比你高大或強壯的對手，你該害怕
的是不怕看到或嚐到自己鮮血的對手。如果你想要成為優秀
的教練，你最好要有受傷的心理準備，並學著喜歡身上的傷
疤。

　　克服挑戰代表你能在非常糟的狀況下，透過不斷地逼

迫、成長和堅持不懈的精神，讓自己到達另外一個層次。我相信生命會找到出路，也就是在逆境中才能了解到真實的自我——不論是在人生或教練的道路上。

　　接下來，我將敘述個人的奮鬥故事：毫無保留地說出過去讓我難以啟齒的事。我想除了我自己之外（這還用說嗎），這對其他人來說應該是無關緊要的事，我不確定當其他人面臨相同狀況時會如何處理。我從來都不想要解釋自己，而且也沒有「快速」的方法可以說明這一切，但為了要讓你們了解我的個人特質從何而來，還有我指導運動員和自己生活的方法，你們需要知道我的過去，一段幾乎喪命的經驗。

　　我將與你們分享的經驗，讓我更加清楚了解自己想要幫助別人的長遠目標，而且我希望這可以幫助你了解過去的你如何影響到現在的你。別忘了，沒有先了解我們自己，將無法有效地運用教練的羅盤。

準備開始：如何從逆境中產生力量

　　「『隨行聚力』（Vires Acquirit Eundo）：當我們勇往直前時就會產生力量。」

　　　　　　　　　　　　　　　　　　——維吉爾（Virgil）

　　我站在明尼蘇達州的明尼阿波利斯市，一間醫院八樓的中廊看向窗外，我光著腳丫，身上穿著醫院的病袍，早上抽血後的繃帶緊緊地裹住手臂。我望著窗外秋風蕭瑟的景象。如果你生長在中西部或世界任何一個類似氣候的角落，就能明白那般景像：霧濛濛的天空、光禿禿的樹木和冷冰冰的草地。中西部的冬天被白茫茫的大雪覆蓋著，還有不停歇的刺骨寒風。在這種惡劣的環境下成長，你一定會有很多抱怨，但這樣的環境卻帶給我們強大的力量。生長在中西部的人都能夠克服淒風苦雨所帶來的愁緒。你會適應這樣的生活，因為不論外面的天氣如何，你的工作還是要做，日子依然要過啊。你會堅持不懈地勇往直前。畢竟春天馬上就來了，你說是吧？但在我生命中最重要的時刻，卻一點也沒有感受到春天的溫暖。

　　故事從我高一要結束的時候開始。我從小就開始玩棒球和美式足球，從有記憶以來，最好的朋友都是我的隊友。棒球填滿了我春天和夏天的時光，美式足球則占據了秋天和冬天的歲月。如果沒有參加正式的比賽或練習，我們會在公園裡進行鬥牛比賽。我知道自己不是成為職業球員的料，甚至連大學第一級球員都不是，但棒球和美式足球這兩項，我還是在水準之上，也非常具有競爭力，特別是跟自己競爭時。在棒球賽季時，我們在八十天內要進行約八十場比賽，如果

在賽季中被三振超過八次，我就會到打擊練習場不斷地調整揮棒姿勢。我在美式足球上也使用相同的方法。我不斷地練習球技，一天兩次的體能訓練對我來說一點也不夠。我每天一大早起床後就直接練習衝山頭，然後到重訓室進行重量訓練，每天晚上就寢前還勤做伏地挺身和仰臥起坐。我對自己的要求就是每天午夜之前要完成所有的訓練，也就是說，當我在朋友家過夜時，也會想辦法偷偷地完成鍛鍊，避免他們認為我瘋了。我不斷地說服自己，他們不了解是因為他們沒有像我一樣的決心，在一天結束時，我也不想對自己再多說什麼。

我相當沉迷於探究人類的體能極限，這樣的好奇心在我很小的時候就播下種子。除了爸爸的健身雜誌外，每次和媽媽去購物商城時，我總是去書店等她，然後一頭栽進「健康與體適能」區。不像其他肌力與體能教練，在訓練方面我並沒有心靈導師。這趟旅程中並沒有人引領我。我們高中的肌力與體能教練通常都坐在辦公室內，然後讓一群高中生自己訓練，看看誰舉得最重，但通常都沒有使用正確的技巧。即使在那懵懂無知的年紀，我仍然直覺地認為許多朋友或隊友做的事情都不對。我發現他們的舉重技巧相當危險，因此我只按照我所知的正確技巧練習，然後根據近期在雜誌或書上所讀到的知識來強化我的訓練課表。我其實也不知道自己在

做什麼，但至少看起來是有邏輯根據的。我今天坐在這裡，了解到與其裝懂，不如知道提問的真正意涵，然後得到想要的答案。我很想要告訴你，在高中時我應該成熟到問教練該做什麼。但很不幸地，我並沒有。相反地，我將它拋在腦後，然後用自己的訓練哲學勇往直前，之後成立了巴塞洛訓練中心與相關企業。

　　志學之年開始參與體育活動讓我贏得許多友誼。畢竟，當你幾乎每天都看到同一群人時，只有兩個選擇：整天與他們混在一起或是各自形成小團體。隨著時間過去，最後兩者都有。在我十～十四歲時，我跟棒球隊的隊友幾乎形影不離，但後來大家因就讀不同的高中而分道揚鑣。我住在鎮上靠近西邊的地方，因此被分到不同學區的高中。因為父母親離異，所以有我們兩兄弟的共同撫養權。我們週二、四與父親同住，週一、三、五在母親家，週末則輪流。如果你看到我好像每天晚上都在整理行李，你沒看錯，我的確是在整理行李。升上高中後我希望更穩定一點，不想每天搬來搬去。在生命的這個階段，我只想煩惱學業、運動、女友和與朋友廝混──而不是明天該將什麼放到行李當中。這讓我做出了生命中最困難的決定：我告訴父母親我不想再搬來搬去了，只想和他們其中一人住在一起。因為母親住的地方離學校比較近，再加上朋友們都住在那一區，所以我必須告訴父親這

個殘酷的事實。我必須承認，當拿起電話打給父親那一刻，我的眼眶充滿了淚水。我那時才十六歲，並不希望一直以來與我關係很好的父親，認為媽媽比他還重要。我也不希望他認為我不再愛他了。我只是想讓他知道，這個新的決定會讓我生活上比較方便，雖然在當下的確對他造成傷害。幸好他們住的地方沒有離很遠，我和父親可以透過體育活動、內布拉斯加州美式足球比賽和其他活動常常見面。在我青少年時期，儘管家裡曾經歷許多困難，但我們總是可以找到方法克服。面對生命中的黑暗時刻，一家人是同心協力往前邁進的。

　　我搬去與母親同住並且完成高一學業之後，一切看起來都非常完美。我結交了新朋友。美式足球和棒球幫助我很快地融入新的生活。然而當我升上二年級的時候，因為毒品，一切開始產生變化。到今天為止，不論是毒品或酒精對我都不會造成影響。這些人是我的新朋友，但我並不想遺棄他們或不顧死活地加入他們。每次聚會時為了不要與眾不同，我不是拿著空杯子就是整杯滿滿地，這樣就不會造成質疑。這樣的狀況我還可以應付，但一般聚會最後都會變成吸食大麻或古柯鹼。我永遠不會忘記，當我兒時最好的朋友因為吸食過量古柯鹼，而在他父母房間昏倒的那一幕。因為這件事，讓我下定決心離開他們，並且展開我自己的新旅程。

　　其實並不只有我的新朋友染上這些惡習。在那個時候，濫用酒精和藥物是整個高中校園很嚴重的問題。一直困擾我的是，難道校方一點也不知情嗎？為了要遠離我的朋友和他們的新歡，再加上家裡因素，我將訓練視為宣洩的管道。我們生命中都曾有過脫離現實生活的羈絆，而讓自己的思慮更清晰，更有效率地處理生活上大小事的經驗。對我來說，就是訓練。我從來都不是跑得最快或是常打出全壘打的人，但不論我在天分上欠缺哪部分，上帝都讓我有能力來彌補。任何了解我或跟我一起訓練的人都知道這點。藉由將生活重心轉移到讓自己更強壯，並且按照健身雜誌教我的訓練和飲食方法（在當時最風行的是「什麼都不吃」，因為我們在低脂和低碳潮流中），讓我遠離吸毒的朋友。而我也陷入訓練中無法自拔。

　　我每天二～三次的例行訓練，在時間上和強度上變得越來越高。我用盡一切方法來燃燒卡路里或讓身體更強壯，希望自己能夠成為最頂尖的選手，並確定用盡身體每一分力量後才離開重訓室。我用相當多被壓抑的情緒能量和決心，來探測自己身體的極限在哪裡。有時候兩小時的下肢訓練結束後，我還會漫無目的地跑十三～十八英里，只不過是想探究自己的身體極限。星期五晚上，當朋友們都跑去參加舞會，我會在晚上十點半或十一點到當地二十四小時營業的健身

房，先在跑步機上跑一小時，然後衝刺訓練，再接著六十～九十分鐘的肌力訓練。回到家時，通常已經凌晨兩點了，但我在睡覺前還是要完成伏地挺身與仰臥起坐等例行性訓練。我知道這是沒有意義的，但在當時我不知道還有什麼更好的方法。我強烈的意念，就是當朋友酗酒和嗑藥把身體搞得一團糟時，我要越來越好。隨著每次的訓練，我越來越沉迷於發現與矯正自己懦弱無能的一面。我血液裡的完美主義總是讓我找到需要改善或增強的地方。我不顧一切地武裝自己，並讓自己更強壯。我還不知道自己有多脆弱或容易被打敗。

砰的一聲。我的臉撞到地板上。過了幾秒，我被一群人圍觀。我在學校操場上跑步時昏倒了。就算當下身體沒有發出無法負荷的訊息，警報很快就會到來。在學校，同學們對我的談論從「哇，看看布雷特有多強壯啊！」到「他還好嗎？」或「他有什麼問題嗎？」在不到一年的時間裡，我的體重從一百三十五磅降到只剩一百磅左右。我從來沒想過要減重，這只是從鬱鬱寡歡到執著沉迷的副作用。我持續不間斷地訓練，一開始只是希望找到宣洩的管道和成為更頂尖的選手，但到最後卻造成身心靈不斷地損耗。生理上的壓力和營養不均衡嚴重地影響我的認知能力。我得到了強迫症。我對訓練和健康飲食上癮了。現在回頭檢視當時，我一定會責備自己，並且不會讓自己做這樣的事。我對訓練和飲食完全

困惑了，因為雜誌上的許多資訊都是垃圾。但我是如何讓它
繼續發生的呢？我完全沒有意識到發生什麼事了；我的身體
進入自動導航模式，就是想要讓身體看起來非常「完美」。
（臨床上，我被診斷為「健康食品症」，也就是非常執著於
純正健康飲食，但這非常諷刺，因為我的飲食法都非常不健
康。）

　　在學校操場昏倒這件事，只是導致我需要幫助的一連
串事件的開端。我身體嚴重地變化嚇壞了我的父母。隔一
年，數不清的約診和心理治療變成例行公事。在這麼多的診
斷中，讓我第一次感受到，任何治療的效果端賴執業人員是
否能發掘出問題的真正起因，而不被偏見或缺乏了解所掩
蓋。他們大多缺乏好的溝通者，或有影響力的人所具備的內
隱知識和社會智能。相對地，他們都只看到事物的表象，並
且按照教科書上的診斷方法、住院／門診方案和藥品標籤來
治療。這是他們的標準作業程序，因為許多研究或教科書就
是這樣教導他們治療一個「病人」，而不是「個人」。回頭
想想，他們的方法造就我現在的教練風格。我會「由內而
外」的教導，並從影響運動員的內在開始。你們都知道有
許多教練會有自己的計畫，然後要求運動員配合。或者有
前瞻思考，並且為選手量身打造訓練計畫，但訓練風格卻
沒有改變，因此較沒效率。如果他們能夠了解運動員心裡

在想什麼會更有成效。這就是「交易型」與「轉換型」領導（transactional and transformational leadership）的差別。這是一九七八年總統傳記作者詹姆斯・麥格雷戈・伯恩斯（James McGregor Burns）所發展出的典範，後來被伯納德・貝斯（Bernard M. Bass）發揚光大。轉換型的領導者會與被領導者建立非常強烈的的個人連結，而這也是他們成為偉大領導者的原因。

　　回到我自己身上，我的病情每下愈況。醫生診斷需要服用抗抑鬱藥後，我被安置於專注飲食失調（eating disorders）的住院計畫中。醫生確診我的病情為非典型厭食症（anorexia nervosa）。基本上這代表體重嚴重下降，但沒有典型的飲食失調行為，例如大吃特吃、嚴重催吐或害怕增重等。我對於被貼上這樣的標籤感到非常憤怒。我是抑鬱地，而不是厭食的。即使我的體重掉了許多，但我從來沒有想要減重，對食物一點也不感興趣，還瘋狂地沉迷於訓練，那都是抑鬱的副作用。對於他們的診斷結果，我感到被羞辱；當他們堅持我「生病」了，並已掌控我的「病情」時，我快要氣炸了。這就好像一場噩夢，我希望他們能夠了解，我對自己的人生到底怎麼了感到憤怒與困惑，並且試著用我自己的方法來解決。但無論何時當我想要表達心聲時，他們卻充耳不聞。我感覺是在做困獸之鬥。對於這樣的情況，我

唯一的解決之道就是「訓練」，但卻被禁止。這就好像我被惡夢纏繞無法掙脫。

　　這個高強度門診機構被證明是無效的。通常我早上七點半被載到那裡，下午五點半到六點時離開。儘管每天測量體重、嚴格控管進食、團體治療，還有每天最後一小時坐在一個小房間內，直到父母親來接我之前什麼事也沒做，但我還是能夠偷偷地找到方法訓練，並且晚上去跑步，或是週末跟爸媽說我要和朋友出去玩，但事實上我都跑去訓練。我完全不遵守治療計畫。因為我根本不屬於那邊，況且他們對我一點幫助也沒有。請注意前面這句話的後半部分，它點出了我在當時最嚴重的錯誤，還有我如何處理這樣的狀況。我是外控者（external locus of control），但責怪我周遭的環境不但沒有幫助我，還扯我後腿。為了要獲得我最想要的──就是重回到正常體重、不要再受制於他們的「治療」計畫，以及免於更令我感到羞愧與生氣的是，我必須成為他們的一部分──我所要做的就是陪他們繼續演下去，增加體重，然後離開那裡。但事實上，我無法與其他病人產生交集，更不要說參與團體治療討論，因為他們將所有重心都放在食物和身體意象（body image）的問題上面（但這兩項都不是我的問題）。他們還試圖說服我吃低營養密度的食物，比如零食、蛋糕、奶昔或其他高脂卻缺乏營養的食物，他們認為這

是「正常與健康」的飲食行為，若想要成功地回歸正常體重和更健康，必須這樣做。我感到像在服刑一樣，但我一點都不知道更精采的還在後面。心中的憤怒與羞愧讓我極度想要「打敗這個體系」。這樣的情緒讓我心中充滿著懷疑與不信任，並且影響了我和家人及治療中心裡其他病友的互動。我拒絕接受任何人或事物，只能用我僅存的一點點力氣想辦法離開那裡或戰勝他們。

在這個治療計畫中我的體重一點也沒有增加，情況還越來越慘。我掉了超過三十磅，醫生還注意到我的腎酵素和肝酵素指數已瀕臨危險邊緣。我的安靜心率掉到每分鐘只剩三十四下。綜合上述這些因素，讓我的心臟處於極端危險的狀態，因此治療中心的人建議我必須立即住院。隔天我醒來的時候，發現父母和弟弟都在家裡。父母親決定將我送到更嚴謹的機構住院治療，在那裡我的活動量和食物攝取量會被二十四小時監控著。我想要逃離這一切，不想要被關起來，因此趁他們不注意時，我一把抓起車鑰匙衝出門外。我弟弟馬上就追了上來。我與他在馬路上及巷弄中高速追逐。現在回想起來，當時真是幸運，因為沒有任何一個人因為我不斷地闖過停止標誌（stop signs）和在住宅區內高速行駛而受傷。剎那間，我突然緊急左轉，然後我弟弟反應不及撞上一堆垃圾桶，接著就停在某戶人家的院子裡。我當時十六歲，怒火

中燒，並且感到人生已經失控。我終於甩開他，但八小後我還是回家了。我無處可去。我沒有選擇。我必須面對實際的狀況。

　　我還記得進食過程中，就好像在監獄中必須一條一條地閱讀相關規定。除了二十四小時嚴密監控外，你從外面帶進來的任何報章書籍都要經過詳細檢查，當然還有你的包包和隨身物品。機構裡的任何一個職員，隨時都可以進入病人的房間。療程中，在沒有監視之下我們是不能回到房間的，除了吃飯或點心時間，都被限制在一個固定的範圍內活動。假如運動科學迷知道這個地方所有的事都用客觀的方法測量，一定會欣喜若狂。我每天早上五點十五分進行抽血檢查，接著測量體重，然後只有當護理人員覺得安全的狀態下才可以進行淋浴。因為根據我住進來時的身體狀況，他們擔心淋浴時的熱水或冷水會讓我的心臟停止。這是真實的故事。我已經昏頭轉向了。在醫院營養師的指導之下，我們每週的菜單採取類似糖尿病換轉系統（diabetic exchange system）的方式——將一般食物例如一塊雞胸肉、一片吐司、一茶匙花生醬和一杯菠菜，用「肉類」、「澱粉」、「脂肪」和「蔬菜」來分類——病人就不會專注在卡路里上。所有食物都是經過量測的，並且必須全部吃完不能討價還價。除非你進步到一定的程度，否則不能參加任何體能活動。但即使你能運動，也

只能簡單地伸展或在健身球上用三磅重的啞鈴來運動。如果你想上洗手間，護士會站在門外確保你不會做任何奇怪的事。在那裡一點隱私和自尊都沒有。

　　我每天大部分的時間都必須待在固定的活動區域內。那裡就是幾張桌子、一張茶几、一張沙發和幾張椅子。醫院護理人員坐在一張大桌子旁，透過樹脂玻璃就可以看到我們。如果你的行為違反任何規定，例如坐立難安的樣子、嚼食口香糖或只是站起來而已（因為站起來會比坐著燃燒更多卡路里），他們就會輕拍桌子來警告你。我們只能閱讀訓練、飲食或運動之外的報章書刊，觀賞輔導級電影，而且如果你站得太久、坐立難安或嚼食口香糖，他們只會警告你兩次，接下來就會要求你喝下代餐，更慘的是威脅（使用這個字形容完全正確）你使用靜脈營養輸液（intravenous feeding）的方式來補充你消耗掉的熱量。我們每天吃下六餐的飯廳是另一個夢魘。如果每天活動的區域讓你覺得自己像動物園裡的動物，那麼飯廳會讓你感覺像是實驗室裡的白老鼠。當我們吃飯時，所有護理人員坐在長條桌的兩側，無形中提高了所有病人心中潛藏的緊張和焦慮。有兩位護士特別享受用高人一等語調來和我們說話的快感，並且用許多方法來讓我們在醫院的日子更悲慘。其中有一位叫麗塔的最糟糕。

　　護理人員會在那裡檢查餐點，並且確認沒有病人偷藏

食物、用奇怪的方式來改變食物的味道或其他異常行為。但通常護士都會誣賴病人，或一察覺不對勁就警告要換成代餐。但這一點都沒效，只會讓病人更緊張，並對飲食產生更嚴重的惡性循環。我剛住進這家醫院時，麗塔便誣賴我偷藏食物，但事實上是醫院的膳食人員忘記把食物放在我的餐盤上。她馬上寫報告，這會進一步限制我的行為，並讓我在醫院待更久。但最終有人承認這是他們的疏失，而不是我的錯。

當我坐在醫院餐廳看其他病人吃飯的樣子，真令人印象深刻，因為我從來沒有見識過這麼怪異的行為。我們肩並肩坐著，即使你往下看仍然無法忽視這一切。當時我只有十六歲，周遭的病人各個年齡層都有，他們在情緒上有很大的波動，例如將食物搗成爛泥，然後眼神呆滯地看著食物。剛開始我以為他們是因為害怕食物或醫院的治療方式，然而當我越來越了解他們之後，我發現他們跟我一樣遭遇很大的人生困境。唯一的不同就是運動是我發洩的管道，而食物是他們的舒壓機制。其中一位病友的先生因為外遇而拋棄她。另一位病友家中有九個小孩，自己排行中間，所以常感到被遺棄，因此用飲食失調來引起家人注意。另一位跟我年紀相仿的男孩，之前是青少年奧運摔角選手，但在第一次被擊敗後就陷入跟我一樣的漩渦中。因為他輸掉比賽那一刻的畫面一

直在心中纏繞，所以他瘋狂地節食和訓練，希望能夠改變那場比賽的結果。雖然許多病友只要願意就可以離開，但由於我尚未成年，必須待到醫生同意才能出院。

每天例行公事的最後環節，就是安排一對一的心理治療課程。同樣地，幾乎所有療程都圍繞著飲食相關行為和非真正引起病因的相關問題上。醫院有一定的療程，而且從來沒有改變過。在療程的任何時候，只要我說出無法了解，麗塔就會說我是在反抗，並且記錄我缺課。這會延長我待在醫院的時間，因為我展現出「沒有進步」的樣子。

我在那間醫院花了超過六個月的時間，也就是說高二那年幾乎都待在那裡。每天早上當我睜開雙眼時，都會感覺到生命不屬於我的。每當我想要告訴任何人真相時——我的真正病因——他們都充耳不聞。心理學家丹尼爾・康納曼（Daniel Kahneman）在《快思慢想》（*Thinking Fast and Slow*）這本書中提到，「如果一位醫師要做出正確診斷，他就必須知道很多疾病的綜合徵狀。因為每種疾病都可能有不同的症狀、發病的原因、發病的過程和結果，以及不同的治療方式」。很明顯地，雖然醫院中有些護理人員了解到這點，但絕大多數的人，都只有認知到康納曼博士所謂「必須要知道很多疾病的綜合徵狀」的皮毛。與其針對每個病人的狀況來調整既有療程，他們堅信每個病人都該適應常規的治

療方式。而這在教練的世界也常發生。

　　最後，我很幸運能夠碰到女心理醫生凱蒂（Katy），因為她細膩的心思、客觀的聆聽（non-judgmental listening）和近距離的觀察，終於讓我走出陰霾。記得第一次與凱蒂晤談時，我依然固我，準備跟她對抗。第一次與任何治療人員晤談的感覺都很不好，因為治療所背負的汙名，就是專門針對罪犯、精神病態（psychopath）或其他心理狀態不穩定的人的療程。我記得第一次談話時完全沒聊到醫院或目前的健康狀況。沒有筆記板；沒有我為什麼會在那裡的理論性問題；沒有讓我躺在眾所周知的沙發上，聊聊自己最深層的恐懼或遺憾。換句話說，沒有廢話。相反地，凱蒂想要知道造成我現在這個樣子的真正原因。她單刀直入地問我到底想要什麼，以及如何達到目標。她沒有先入為主或任何附帶條件的想法。她想要了解全部的我，因為這將可以幫助她真正地知道是什麼原因讓我變成這樣，當然最重要的是，如何幫助我離開這個困境。她可以感受到，雖然我試著忘掉第一次看到朋友濫用毒品的樣子，但我卻被焦慮和生氣迷失了方向。但她也知道，若是我能夠將精力用在正確的地方，人生將會越來越好。一旦我們一起努力，就可以朝著這個方向前進。我的想法非常簡單，即使當時我並不完全知道如何做，但我知道我想要做一點不一樣的事，然而在醫院就無法完成這個夢

想。我有自信能夠回到正常的體重，並且用比醫院強迫的方法更健康。但說得再多，我還是要先回到正常體重才能夠出院啊。

　　一旦達到後，我絕不會再犯同樣的錯。

出院

　　我的療程因為凱蒂的幫助大有進展，我第一次感受到在這個醫院內還是有人可以幫助我的，而且真正地了解我為什麼會變成這樣。感謝凱蒂的協助，我終於可以在監控下離開醫院了。我足足五個月未曾離開過醫院的八樓。雖然當我踏出醫院時，明尼蘇達是寒風刺骨的冬天，但我卻感覺到這凜冽的寒風好比沙灘上的暖陽。一切都是這麼地美好。雖然如此，但這卻不是在度假。這是讓我永遠離開醫院的好時機。我已經計畫好了。我說服媽媽帶我到附近的邦諾書店（Barnes and Noble bookstore）；我只有一小時，動作必須加快。我直接到運動和體適能區，很快地選了兩本書，第一本是由南希‧克拉克（Nancy Clark）所撰寫的《運動營養指南》（The Sports Nutrition Guidebook），第二本則是由博伊德‧艾普利（Boyd Epley）所撰寫的《美式足球完整體能訓練》（Complete Conditioning for Football）。你可以根據目前的研究來評論這兩本書，但在當時卻是這兩本書幫助我離開

醫院的，是這兩本書救了我一命。克拉克的書讓我更進一步地認識「營養補充」（fueling）和「流行減肥飲食法」（fad dieting）的不同，後者就是我之前在雜誌上常常讀到的。艾普利的書則讓我知道，如果他超強的 HUSKER POWER 訓練課表，可以讓內布拉斯加州大學美式足球隊（Cornhuskers football team）贏得五次全國冠軍，當然也可以幫像我這樣骨瘦如柴的高中生增加一些體重。這本書是根據生理適應的基礎原則來設計漸進式訓練，而不像我之前的訓練方法「做到力竭為止」。在我後來的訓練生涯中，馬克・沃斯特根（Mark Verstegen）所撰寫的《核心區訓練》（*Core Performance*），讓我知道千萬不要忽略休息。休息也是訓練的一部分，這個概念對當時的我來說相當陌生。

　　我知道這些書不能帶入醫院，因為他們一定會沒收，所以我用其他兩本不是體適能書的封套來掩蓋。感謝收銀員讓我們順利地結帳，然後火速地回到醫院。當我踏出八樓的電梯時，一看到值班護士不是麗塔而是一位新人時，當下真的深深地鬆了一口氣。我利用她剛來搞不清楚狀況，很快地翻了一下背包給她看，不讓她有機會打開來仔細檢查。我花了兩天多的時間將這兩本書唸完。我不敢冒風險將這兩本帶到白天的活動區域，只好利用晚上回到房間內偷看。我把它們藏在床墊下，並且利用院方巡房時間的空檔來讀。一頁接著

一頁，我開始構思離開醫院之後的訓練計畫。這很明顯地看出我哪裡有問題，並且可以如何解決。但在執行計畫之前，最重要的是，獲得父母的信任。感謝凱蒂幫助我完成這一切。

勇往直前

在看似沒有盡頭的療程裡，我終於獲得醫院的同意可以辦理出院。我跟一些病友、凱蒂和護理人員道別。當我最後一次走向電梯時，麗塔又再次出現了。一開始我以為她是要跟我恭喜道別，但她卻表示並不認同我可以出院這個決定，並且堅信我一定還會再回來。我很生氣，但一點也不意外，我兩眼凝視著她跟她說，你說得對——我一定還會再回來；但卻是回來幫助她沒有能力或耐心處理的病友。當電梯門關上時，也代表著我生命中這個章節的結束。我對訓練、營養和人生都有新的體悟，並且最重要的是，這啟發了我用自身的經驗來幫助他人。我重新回到健康的體重、完成高中學業並且繼續攻讀肌動學（kinesiology）學士和運動科學的碩士學位。在我高中最後一年，我接受拳擊和個人教練訓練。在大學時，我開始參加業餘拳擊巡迴賽，並且在健身房內訓練其他拳手的體能以交換免費的拳擊訓練。大學畢業沒多久，我就決定往肌力與體能訓練發展。

直到今天，我都是用自己的過去來形塑我的教學風格。在我十六歲那年幾乎要喪命了，我親眼目睹那間醫院八樓病友們所面臨的困境與無助。我也見證許多不同領域的專業人士，不論教育程度、專業知識、職稱或薪水有多高，看起來都不知道該如何幫助他人。他們的目光短淺，而且過度敏感。這些經驗徹底地改變我的想法，也讓我感受到事情的急迫性。每個地方都有人或運動員需要幫助，當我們下次遇到時，應該多想想他是否需要幫助，而不是理所當然地認為就是這樣。我們身為教練應該先用人的角度來幫助他們，然後才是用運動員的角度。

但很不幸地，有許多領導者、教練或老師忘了他們的初衷，就像在醫院的麗塔一樣，最後傷害許多人。他們缺乏社交和情緒智商，就像傳染病一樣可怕。

該是由你們來扭轉這一切了。請勇敢地站出來，並運用自己過去的經驗來定義目前的自己，並思考未來想成為什麼樣的人。請不斷地提醒自己過去所遭遇的困境，這樣你就不會忘了迫使你想要獲得更多並做出改變的初衷。不論你是在聆聽人生中重要時刻所播放的一首老歌、凝視著你在困苦時所住的房子照片，抑或是拜訪一個特別的地方，這些簡單的事都可以讓你與過去產生連結，幫助我們保持在正確的道路上。

幾年前我請一位藝術家鄰居幫我畫一幅街景，就是大學時想讓頭腦保持清醒就會去跑的一條街。更特別的是，我請她重新畫一幅我在大雪紛飛夜裡跑步的樣子，這是每當我擘畫未來時會做的事。她的畫作真是維妙維肖，因為掌握到那凜冽、漆黑與寧靜的夜晚。這幅畫就掛在我家上樓後的門廳牆上，是我起床後看到的第一件藝術品，也是就寢前望見的最後一件。它總是提醒著我，不論面臨多少挑戰，千萬不要害怕走出自己的康莊大道。從你過往的經驗來找尋或創造出屬於自己的技能，你將會發現它將持續形塑你未來的教學特質和方法。從這些故事和技能所反映出的，是一個可以幫助身為教練的你增強自我意識的好方法，並且是根據你獨特的強項與熱情。如果沒有想法浮現或感到困惑，不要擔心，下一個段落將會提供一些特別的觀點，幫助你發現隱藏在內心深處的一些特徵。

特質與策略：增強你的自我覺察能力

身為教練，我們通常都是幫助別人改變行為的最佳推手。我們想做的每件事和想要的改變都是從自我覺察開始。不論我們是否要形塑或再塑自己所處的文化或組織、給運動員／客戶的觀感，抑或運動員／客戶的程度，都應該先退一步，並且仔細地回想自己的過去、人生旅程上學到的每一

課，以及今日的我們是如何被造就出來的。自己本身的知識和他人對你的認識，將讓你更具有社會智能，適應各種狀況。

換句話說，「自我覺察」並不只是一個重要名詞，而是一項關鍵技巧。

不論你如何看待自己的領導風格或性格，現在有一個很好的機會來發掘自己都不知道的優缺點。這些特徵會影響你是否能成為一位優秀的教練。你是否察覺到變化並對重訓室的氛圍感到無助？抑或，你是否發現自己對教導動態動作特別有活力，因為在那當中你可以直覺地感受到每項訓練接下來的動作，或者是因為當運動員稍微調整角度、切入或轉換動作，將能更完美地呈現漂亮一擊？重點並不是你決定成為其中一種教練（例如上述的例子，有些人會稱之為「重訓室教練」與「動作模式教練」），而是了解自己為何會傾向其中一方，如此你將學會更有效地利用和增強這些有特殊影響力的特徵。我自己發展出一個方法，或許有助於發現這類型的自我覺察，也就是所謂的**內在認同三階段**。

內在認同三階段

深思階段：提問**自己是誰**

檢查階段：檢視**自己是誰**

進步階段：認同**自己是誰**

深思階段包括深深地回想自己的過往和細細地思考當中的轉變過程（就像我在這章一開始做的）。這樣的深思是很重要的，因為這讓你了解到自己真正的動機和這些動機的起源。當我們被問到從事哪個行業，或是為什麼要當教練，通常都會回答「幫助他人」或「做出改變」這類膚淺的答案。我們通常會有這樣的懶人包回答，是因為如此就不會再被追問想當教練的真正原因。如果你認為這本書可以讓你不用先了解自己就能夠了解別人，那麼你就大錯特錯了。如果你想要尋找過去的你如何奠基今天的自己，那麼你必須先問自己這些令人深思的問題。

你想要做出改變嗎？很好。為什麼呢？這對你來說為什麼這麼重要，過去什麼樣的經驗讓你想要做出改變呢？你是否想要成為最傑出的教練，給自己和家人更好的照顧？太棒了！對你來說何謂更好的照顧？如果你沒有仔細地了解基礎架構，你將如何按部就班地計畫和融入你的生活呢？告訴自己放棄膚淺的事物，並且深入了解自己所做的每件事。如果你真心想要影響他人，最好知道如何與自己產生連結，還有了解自己的每個動機和弱點。四年前我因為旅遊而在丹佛機場轉機，就對自己做過這項測驗。那時候的我對自己的職涯感到非常迷惘。但當我完成這項測驗後，我徹徹底底地了解

自己，將自己的信念和價值與行動相結合，讓我成為真正想要的人和教練。千萬不要忽略深思。透過自我深思不只可以讓你成為優秀的教練，也能成為更好的人。

檢查就是將洞察力從思維習慣中抽離，並且仔細地檢視。這麼做可以幫助你在身為教練時，將這些洞察力轉向所處環境。舉例來說，那段在醫院的經驗讓我體會到生命短暫，在那裡很少人真心想幫助別人，更不要說幫人克服難關了。了解到這樣的背景，就更容易明白我認真的教學和慢中求快的風格。我因為自身的經驗，深刻地體會到護理人員消極與事不關己的行為，無法與他人產生真心的連結，會影響病人復原的進度。我也看到當一些人的工作態度非常惡劣時，將會讓整個職場環境變得非常糟糕。這讓我知道我的價值觀與運動員和客戶連結在一起非常重要。我需要了解他們目前的能力，我們才能共同達成目標。只簡單地告訴別人要做什麼，長期來說很難產生正向的結果。如果深思幫助我們與真實的自己產生連結，那麼檢查將幫助我們與自己真正想要變成的人產生連結。

進步是當我們真實了解自己是誰（深思）和我們想要成為什麼樣的人（檢查）之後的階段。進步是將我們更進一步地推向想要成為的人。這或許是三階段中最困難的一個，也就是說比做容易。進步是要確實執行我們必須要做的事，也

就是將現在的自己與想要成為的自己（根據深思與檢查階段所顯示的價值觀與洞察力）中間的差距彌補起來。在這最後階段有一個最困難的障礙就是「冒牌者症候群」（imposter syndrome），我們將在下個段落詳細解說。但現在最重要的是，如果你沒有將所學運用在如何將今天的自己變為明天想要的自己，那麼深思與檢查都是空談。這就是進步真正的意涵。

冒牌者現象

　　想像一下有位外科醫生正在幫你開刀，但事實上他並沒有接受過任何醫學訓練或教育；或是你正在一間安靜的房間內向心理醫生訴說內心的祕密，但實際上他並沒有執照，而且還是用化名。現在把範圍再擴大一點，想像一下相同的人也可能化身成典獄長、和尚、癌症研究人員或部長，到處欺騙他所遇到的人。一旦發現真相，你的感受為何？如果這些角色的主角是你呢（我並不是指萬聖節化妝舞會或是你和伴侶之間的「獨處時光」）？我是指真正執行這些角色的工作，即使你沒有任何證照或經過訓練，抑或沒有任何相關領域的背景知識。上述諷刺的角色都是史上最知名的「超級大騙子」費迪南・華多・戴瑪哈（Ferdinand Waldo Demara Jr.）曾扮演過的，除了這些之外，還有許多其他角色，例如工程

師和律師等。戴瑪哈有許多獨特的特質，一九六一年電影《大詐騙家》（*The Great Imposter*）就是以他的故事為背景。或許你會覺得很瘋狂，但他的故事某種程度來說，結合了許多教練的形象，包括無法找到自己真正特質、無法建立起自信心和沒有花時間經過上述三個自我追尋階段。戴瑪哈宣稱角色扮演是尋找自己身分的一種方式，他在一九七七年告訴《時人》（*People*）雜誌，「對我來說，『真實性』用拉丁諺語『求真務實』（Esse quam videri.）來形容最貼切。」它的意思就是真實地成為某件事，而不僅僅看起來像是而已。我現在終於學會了，但在我職涯早期並不是如此。戴瑪哈為了要達成這個目標，不斷地扮演不同的角色，最終的目的就是希望別人認同他夢寐以求的專家身分。

　　冒牌者症候群（目前較為人知的說法是「冒牌者現象」〔imposter phenomenon〕，因為在醫學上並不被視為真正的精神失調），是由臨床心理學家波林・蘿絲・克蘭斯（Pauline Rose Clance）和蘇珊・艾姆斯（Suzanne Imes）所提出，當成功人士內心感到強烈的「不踏實」和焦慮時，會常使用這個名詞。更明白地說，他們不認為成功是自己的能力，並且一直擔心會被真正權威的人揭穿（Clance and Imes, 1978）。克蘭斯和艾姆斯指出，儘管有許多事情可以證明冒牌者症候群者有足夠的能力，但他們還是覺得自己是騙子，而且不覺

得成功是應得的。他們認為自己的成功只不過是天時地利人和，甚至是讓別人認為他們很聰明和有能力罷了。但達克效應（Dunning-Kruger effect）則截然不同，因為這是個人的認知偏差，也就是能力其實非常差卻認為自己高人一等。有些研究顯示冒牌者現象更常出現在高成就的女性身上，在陽盛陰衰的教練世界裡，你不難想像這個現象。

　　所以如果我們忽視了深思和檢查階段，如何感同身受冒牌者現象的心情呢？很簡單，如果我們沒有清楚與正確地定義我們的動機、認同感和期望，很難為自己找到一條正確的道路──一條引導我們培養自己特殊技巧的能力。如果我們不是用實踐精神來強化自我實現，而是被不安全感和恐懼引導，就很容易陷入冒牌者現象和達克效應中。現今社會跨領域合作的現象相當普遍，我們必須要避免陷入社會比較（social comparison）的習慣中。有些心理學家指出，在科學與學術界中更容易產生冒牌者現象，因為越聰明的人，越容易花時間與更聰明的人在一起，但這樣更容易影響自己的看法和增加不安全感。

　　當內心產生懷疑時，深思可以讓我們更加專注和沉靜。如果你很喜歡談論某個特定的科目，但你卻從不那麼喜歡的主題開始，只是因為有些人講了類似的題目而成名，那麼你的內心會更容易感到徬徨無助。抑或，最後你會擔心自己引

用的研究是否有誤。在我們這個產業你可以看到潮流起起落落，每一年總是有新的研究或產品讓人耳目一新——吸引大家「拓展視野」——但事實上，有時候我們只要耐心等待，時間就會證明這些是否屬實，而結果通常都不是。

　　身為領導者、教練和溝通者，冒牌者現象時常困擾我，但透過持續地深思與檢查，我們將能在通往目標的道路上建立起穩固的根基。湯姆‧雷斯（Tom Rath）是《紐約時報》（*New York Times*）暢銷作家與蓋洛普（Gallup）諮詢公司首席顧問，他更精確地指出，「人類發展的關鍵是建立在你目前的狀態上」。雷斯是正確的。為了要建立自己更真實的認知與策略，我們必須了解自己的過去、了解現在的成功是過去努力的結果，以及了解如何運用成功經驗來幫助他人。我們每個人都有獨特的能力與技巧，並且應專注於尋找將力量最大化的方法。請記得：教練與他人產生強烈的連結是發自內心，而不是模仿而來的。只有深刻地發自內心才能完成內在認同的三階段——也就是將現在的我與想要的我拉近。

　　要成為優秀的領導者，必須誠實、坦然與真誠地面對自己。比起過去，現在有許多工具可以幫助你。現在我們已經了解「內在認同三階段」的基礎架構——深思、檢查和進步——讓我們來看看其他可以幫助你認識自己的工具。

更了解自己：主要評估系統介紹

　　網路上的人格評估測驗不勝枚舉，這些評估可以幫助你更加了解自己，以及你與他人相處時先入為主的觀念。因為族繁不及備載，就不在這裡詳述，我只介紹幾個經典評估系統，例如：克里夫頓優勢識別系統（Clifton StrengthsFinders System）、DiSC 人格測驗（DiSC Assessment）、邁爾斯－布里格斯性格分類法（The Myers-Briggs Type Indicator〔MBTI〕）、四色人格測試（Insights Discovery）和霍根人格量表（Hogan Personality Inventory）。這些評估不能代表全部，卻為人熟知且被全世界企業採用，近期甚至有運動團隊使用。《今日心理學》雜誌（*Psychology Today*）報導超過八成的世界五百大企業，會使用邁爾斯－布里格斯性格分類指標的人格測驗。美國訓練與發展協會（The American Society for Training and Development）指出，美國企業每年花費一千一百億美元在訓練課程上，其中約有六成與人際關係技巧評估課程有關。

　　在這裡我並不是要爭論哪一種評估系統是最好的。在許多狀況下，這些方法都很有效。這裡只是簡單地提供你一些資訊，讓你更深入了解自己的行為及認知傾向，讓你發現以前不曾注意到的自己或與他人的相處之道。這些資訊都必

須是可實際運用的，因此不必盡善盡美；相對地，只要知道它們是用來做什麼的就好，就是可以幫助你更加了解自己的工具。這裡套用李小龍的經典名句「吸收對你有用的東西」（absorbing what is useful）來闡述，這樣才不會被這些評估結果或建議混淆。總結來說，這些都是非常棒的工具，而且在這個期望你尋找更佳方式來了解自己的章節中，如果我沒有說明，那就太不負責了。即使如此，就好比一張羅列運動員身體能力的運動表現無法定義他／她個人，這些人格測驗的結果也無法定義你。

　　請花點時間認識每個系統。為了讓你可以更容易了解，我會簡述每個評估系統的背景和重點提示。這些評估系統的費用都不相同，如果想要使用，可以從下列概述中知道當中的差別。如果你想進一步了解，也可以連上我列出的網址。請記得，下列所有的批評都不代表我的意見，只是曾經使用過（包括測驗相關工具或曾做過類似檢視）的人的心得感想。當然我偏好其中幾項，但初衷是希望幫助你了解哪個較適合你，而不是要推銷一個產品或讓你產生「淨手」偏好（clean hands，因為某人說這個東西好，所以你才喜歡這個東西，並不是你親身體驗過後才喜歡）。請記得這些工具只是讓你更進一步探討和深思，並沒有其他意思。在你準備敲下鍵盤或登入社群媒體之前，請先制止自己內心的「網路戰

士」（internet warrior），因為你所喜歡的不會是你真正想要的。還有一件重要的事，任何人格類型或特性的測驗、評量或「指標」，只有真的參加測驗才會有信度（reliability）與效度（validity）。每個測驗的信度或效度都受到如何呈現、執行、評估和解讀影響。可以把這些當成談天的工具或自我發現的形式，抑或不使用這些工具——這都是你個人的選擇。請謹記在心，有時候即使是一個不完美的作品，只要你將它放在光彩奪目的燈光下或真正有需要的人手裡，它就能成為無價之寶。接下來將一一介紹目前較為人知的評量工具。

克里夫頓優勢識別系統

克里夫頓優勢識別系統（www.strengthsfinder.com/home.aspx）由有五十多年經驗的唐諾・克里夫頓博士（Dr. Donald O. Clifton）開發設計。克里夫頓的研究是受到人們具有的優勢所啟發，與一般測驗以發掘人們的弱點不同，例如精神疾病診斷與統計手冊（DSM-IV）。克里夫頓博士曾獲得美國心理學會會長獎，並且被譽為「天賦心理學之父」（Father of Strengths-based Psychology）。優勢識別系統總共分為三十四個主導特質，主要在幫助使用者找到自己與眾不同的特質和天賦。

主要特點

- 測驗中每個項目只有二十秒的時間回答。

- 測驗中有一百七十七組自我描述，例如「我對未來的夢想」或「人們是我最好的盟友」。

- 測驗的目標是根據你直覺地回答——就像內心深層的動機一樣，不容易隨著時間改變，來幫助你自己找到符合三十四個主導特質的其中一個。

- 測驗結束後你會立即得到根據分數排列的五大主導特質，以及幫助你了解每個主導特質和其特點的相關資訊。

評價

- 測驗中許多提示都非常籠統但放諸四海皆準，就像是巴納姆效應（Barnum Effect）。

- 測驗只有發掘優點，沒有尋找缺點。這可能會產生一些問題，因為有時候了解自己的缺點比優點還重要。

DiSC 人格測驗

　　DiSC 人格測驗（www.discprofile.com）已經發展很長一段時間了。這是威廉‧馬斯頓博士（Dr. William Marston）在一九二〇年代晚期所建構的智慧結晶。他的理論基礎立基在社會心理學的三個階層：第一是個人在特定的狀況下如何感知

自我，第二是個人對該狀況感知的情緒結果，第三是這些情緒後續的行為或反應。有趣的是，馬斯頓從來沒有想過要將 DiSC 理論變成評估測驗。直到朋友工業心理學家沃爾特・弗農・克拉克（Walter Vernon Clarke）出版活動向量分析，當中運用了許多 DiSC 的自我描述格式，又經過多次的調整後，實際的評估系統才在一九七○年代出現。

這四個字代表支配型（dominance）、影響型（influence）、穩定型（steadiness）和分析型（conscientiousness），也表示馬斯頓行為量表的核心價值。這項評估宣稱可以增進工作效率、團隊合作與溝通能力，還有幫助受測者更加了解自己。除此之外，亦能協助人們適應社會狀況。這是目前較為市場接受的量表之一。在 DiSC 網站上清楚地說明，這項測驗的目標是測量你的人格與行為特質，並不是你的聰明才智。

（說個題外話：我記得第一次參加 DiSC 測驗是在小學六年級。很明顯地，我們有個眼光前瞻的老師，但稍微想想這背後的意涵。當時的我，一個骨瘦如柴的十二歲男孩，連如何穿著都搞不清楚——更不用說能夠真正的反躬自問——但電腦卻能算出結果，並且好像知道我所有的一切。但當時的我還在煩惱，辛辛苦苦割草賺來的錢，到底是要買世嘉遊戲機（Sega Genesis），還是超級任天堂（Super Nintendo）？

主要特點

- 主要聚焦在行為模式上。
- 採取兩種量測方法，強迫選擇法（forced choice），例如哪個字最能／最不能形容你；評定量表（rating scale），例如強烈同意／不同意。
- 完成測驗通常需花十五～二十分鐘。
- 分數可由電腦或人工計算，評估報告會詳盡地解釋你的特殊行為風格、需求、傾向和更有效的行為策略。
- 每份報告包含其他 DiSC 風格的資訊，將有助於了解其他量表（這可以幫助你不只了解自己的情況，也能了解與你一起工作的人）。
- 提供許多不同程度的測驗，可以運用於不同環境與情況（領導統御風格、強化職場關係等等）。

評價

- 強迫選擇法：這類型的問題逼迫受試者根據明確的意見或描述者特徵來做出選擇，即使受試者覺得答案並不完全符合他們。也就是說，此方法有誤判（false precision）的風險存在。
- 似乎可以預測解決特定問題的可能性，但卻無法評估一個人是否能成功地解決問題。

- DiSC 被認為是自比性測驗（將你與自己比較），與標準型測驗（將你與其他人比較）截然不同。也就是說這項測驗是量測個人特徵（自己）的相對性優點，而不是與其他人做比較。

邁爾斯－布里格斯性格分類法

　　邁爾斯－布里格斯性格分類法（ www.myersbriggs.org）是凱瑟琳‧庫克‧布里格斯（Katharine Cook Briggs）和伊莎貝爾‧布里格斯‧邁爾斯（Isabel Briggs Myers）母女，根據卡爾‧榮格（Carl Jung）在《榮格論心理類型》（*Psychological Type*）的類型學理論發展而來的。榮格認為人類藉由四個主要心理功能來體驗這個世界 —— 感知、直覺、感覺與思考 —— 人生大部分的時間都由其中一種類型所支配（Kaplan and Saccuzzo, 2009）。邁爾斯－布里格斯性格分類的基本前提，是當我們解讀自身經驗時都會有特殊的偏好。這些偏好是我們興趣、需求、價值和動機的根基。儘管有許多人批評榮格的哲學思想，以及邁爾斯－布里格斯性格分類法如何應用它，但這項測驗還是很受歡迎，並且被廣為使用。

主要特點

- 主要在幫助個人更加了解自己，在看待周遭事物和互動時

容易產生先入為主的觀念。
- 北美地區英文版有九十三題強迫選擇題，歐洲地區英文版則有八十八題強迫選擇題。
- 通常需要三十分鐘來完成測驗。

評價

- 與 DiSC 相同，強迫選擇題形式的本質只有兩個選項，要全面性地了解一個人，二擇一的方式就變得較為困難。
- 雖然這項測驗在商界很風行，但科學界卻認為它對人格或其他心理特徵評估的信效度不夠。然而，支持者認為這項測驗信效度較差，是因為在職場上被使用為評估求職者的篩選工具，而非當初設計的本意。
- 美國國家科學院在一九九一年的一項研究指出，沒有足夠的效度和證據，可以支持生涯諮商計畫中使用邁爾斯－布里格斯性格分類法。這項整合分析檢視了超過二十個邁爾斯—布里格斯性格分類法的研究。
- 華頓商學院的心理學教授亞當‧格蘭特（Adam Grant），於二〇一三年在《今日心理學》雜誌提出：「當談到準確率時，如果占星術與心律監測器是天平的兩端，那麼邁爾斯－布里格斯性格分類法剛好落在中間。」再次重申我在這個章節開始時的敘述，就像其他測驗，這些測驗雖然很

好也能夠提供相關訊息，但離完美仍有一段距離。可以將它們視為指引，而非真正的測量工具。

四色人格測試

四色人格測試（www.insights.com）也是根據榮格的想法，並且有許多地方與邁爾斯－布里格斯性格分類法相似。榮格指出每個人的人格特質都是由四個功能（之前已有簡述）和兩種主要類型（內向型和外向型）相互作用而來，將這些特質組合起來，就會顯示出八種獨特但常見的人格特質。榮格相信這些功能與走向的交互作用，使每個人都是獨一無二。在這個測驗中會用四種顏色呈現：「熾紅」、「酷藍」、「碧綠」和「金黃」。這些「顏色的能量」（由該開發公司賦予它們）是受到希波克拉底（Hippocrates）的四種氣質學說（four humours）啟發，其目的就是希望幫助你更了解自己，為什麼會產生這樣的行為及為什麼和別人的行為不一樣。根據該評估指出，我們比較偏好某種顏色，就代表我們思考、溝通與行為的喜好風格。

主要特點

- 需要完成二十五題有四個選項的題目。結果會編譯成個人化的量表。

- 這項評估會將你的人格特質依據上述的四種「顏色」來區分，在該公司網站上有詳盡的解說。根據所有可能的顏色組合，將有七十二種「類型」。
- 在我寫這本書的當下，四色人格測試已經在英國心理學會（British Psychological Society）註冊了。

評價

- 這項評估宣稱是「最嚴謹、最具有信效度的測驗」，但因為是根據榮格的理論基礎，因此廣為科學界和心理學界批評。這也是這項評估和其他受到榮格影響的測驗最為人詬病的地方。
- 要能真正了解與理解測驗結果，必須經過該公司的訓練或認證。
- 使用顏色類型分類過於廣泛，也許會造成刻板印象。因此該公司藉由認證人員和在工作坊中註冊評估測驗，來避免或管理這類型的「使用者錯誤」。
- 因為測驗的問題有相當程度的自省，以及預期應用的地方，因此並不建議十八歲以下的人參與此測驗。

霍根人格量表

　　這項測驗是在一九八七年時，由爾塔薩大學（University of

Tulsa）的喬伊絲・霍根（Joyce Hogan）和羅伯特・霍根（Robert Hogan）教授所研發。霍根人格量表（ www.hoganassessments.com）宣稱世界五百大企業中，超過一半以上使用這項評估。霍根人格量表提供四種不同的評估測驗，包括當我們處於最佳或最差（霍根認為是人格的黑暗面）狀況下如何與他人相處。從他們的網站得知，霍根博士總計發表超過三百篇的期刊論文、文章和書籍，並且也是美國心理學會的會員（這也是其他評估測驗飽受攻擊之處，因為沒有科學根據或缺乏心理學家實際運用的紀錄）。除此之外，霍根人格量表宣稱是第一個可以科學化地量測人格對組織成功影響的評估測驗。它提供一系列的工具，可以深度地了解不同的測驗後數據，而不是使用簡化格式，讓人感覺剛開始時似乎容易理解，但其實並無法洞察人們在狀況好時（當然還有狀況不好時）的真正背後動機。當我為撰寫本書而展開研究時，就曾藉由他們的方法而更加認識自己，他們也花了許多心力，讓大家能夠更容易地接觸他們所做的國內外研究實證。你可以藉由這個網站：http://www.hoganassessments.co.uk/research.asp 來閱讀他們的研究。當然這並不代表霍根人格量表已「通過」前面提到的批評，但這些資訊由於容易取得，因此有助於霍根人格量表受到矚目。

主要特點

- 霍根人格量表提供四種評估方式，來測量戰術／戰略風格、動機、光明面與陰暗面的人格特質。
- 霍根人格量表的測驗約需花費十五～二十分鐘完成，並且有多種語言可以選擇。
- 測驗後續的評估報告，會讓受試者了解他們的優缺點。這些評估報告也提供回饋，幫助受試者個人與職涯發展。
- 評估報告亦會提供建議，讓經營者或經理人可以幫助同事更有效地管理行動或職涯選擇。

評價

- 不像克里夫頓優勢識別系統和 DiSC 人格測驗，霍根人格量表比較類似四色人格測試，它僅提供服務給企業經營者或組織團體，並沒有針對個人受試者。這會限制個人參與測驗。建議你直接與該公司聯繫，以確認你個人是否可以參與測驗。根據我的經驗，他們的客服相當不錯。
- 同樣類似四色人格測試，評估報告需要由專業認證人員才能準確理解。這是什麼意思呢？也就是你需要找到受過霍根訓練或擁有霍根認證的人才行。
- 這項評估只適用於工作表現，並不適用於肌力與體能教練或其他領導職工作。

- 因為測驗問題有相當程度的自省，以及預期應用的地方，因此並不建議十八歲以下的人參與測驗。

接下來呢？
將評估測驗融入生活

當你了解上述這些評估測驗後，你必須要判斷在特殊情況時使用是否合理，以及若是合理，你將會如何使用。若你只是購買後自己操作使用，或請他們派專人來做內部訓練，就以為可以運用在球隊或公司上，顯然是不夠的。你必須要有後續計畫，還有明確的目標與達成策略。

這些評估除了可以讓你更加了解自己之外，也可以讓你更加了解你的運動員。事實上我有稍微調整一些評估測驗，然後將其中的概念整合到我的訓練風格中。誠如我前面所述，目前在競技運動的世界中，並未充分運用這類型的測驗，也未曾研擬後續的策略。這並不是要強調我很厲害，因為有些傑出的組織在這些年也做過類似的事，只是沒有數十年之久。

這些評估測驗需要更廣泛地討論、執行和應用，因為心理面向——以及成功的人際互動——在所有合作性或競爭性的領域，都是重心支柱。

然而你必須阻止自己衝動地獲取這些資源或數據，不

能只是因為你想要而已。你要能夠清楚地解釋為什麼想要這類型的人格數據，而且一旦擁有之後，你要拿來做什麼。身為教練、顧問和企業經營者的多重角色，如果我輕率地在會議中宣布每個人都要參與評估測驗，只是為了想要看一下結果，滿足自己的「良好感覺」，那就相當沒意義。這樣對了解我的運動員或同事和成為好的領導者有幫助嗎？除此之外，與其給他們一個毫無意義的指引，不如與他們坐下來好好地雙向溝通，讓他們知道進行測驗是為了讓我們可以成為更好的教練，並且提供更棒的訓練課表，否則他們對測驗很容易感到不舒服和懷疑。接下來的測驗中，他們就會產生自我保護心態，甚至採取欺騙方式，導致測驗結果不具參考價值，所以千萬不要這麼做。最好向你的同事（或你指導的運動員）解釋清楚，為什麼你需要這些個人資訊和你將會如何運用。

評估的價值：最後的想法

　　身為教練，我們通常都會討論天賦，以及它如何影響運動表現和生活。但很不幸的，一個人的天賦若是沒有足夠的刺激或相輔相成的要素，將無法被激發出來。通常人們都不會審慎地思考如何發掘和探索天賦——就算有也只是表面而已。馬克‧吐溫（Mark Twain）用某個人逝世後在天國之

門遇到聖彼得來表達這個概念。這個人知道聖彼得相當有智慧，因此問了一個這輩子讓他充滿好奇的問題。

這個人問：「聖彼得，我著迷於軍事歷史多年。誰是史上最偉大的將軍呢？」

聖彼得很快地回答：「這個問題很簡單。就是站在那裡的人！」

這個人回答：「你一定認錯人了！我認識那個人，他在人世時，只不過是個工人。」

聖彼得很堅定地說：「我的朋友，你並沒錯。」「他會是史上最偉大的將軍，**如果他曾經擔任過將軍的話。**」

這樣的道理對我來說有如當頭棒喝，甚至困擾著我！當我住進醫院之前，我總是相當有意識地感到，人生在世的時間是有限的。我甚至擔憂當離開人世時，尚未發現自己的長處並且與他人分享，這就好比作家陶德・亨利（Todd Henry）所說的「空虛的撒手塵寰」。當有些教練、老師或領導者讀到這本書時，我可以感受到是在白費唇舌。這是我們許多人心中很常見的恐懼。我花了這麼多的篇幅來介紹個人故事（並且鼓勵你能了解自己的故事）和人格特質評估工具，是因為了解你的過去與現在，將有助於探索自己的長處，並且確保你能正確地運用。即使這些人格特質評估工具並不是那麼完美，然而卻可以讓你有許多機會看到何處，以及為什麼

你可以更有效地與他人和人生其他道路產生連結。

當我們持續地走在自我發現這條路上，並且成為更好的教練與溝通者時，該是時候踩緊油門，學習如何從自我反思中得到一些觀點，並且適時地調整與改進。我很感謝維克多・法蘭可（Viktor Frankl）的名言，「在刺激和回應之間有一個空隙。在那空隙中，就是我們如何選擇回應的力量。在回應中，存在著我們的成長與解脫」。在人際交往與自我內省都很複雜的環境下，很少真理禁得起時間考驗。我們的人格特質、感受和根深柢固的想法都深植在心中，光是自我反思是不夠的。如果我們想要更自在與更具影響力，我們要學習如何將自己的人格特質與策略方法結合在一起。在下一節，我們將談論如何做。

形塑溝通技巧：特質如何影響策略

一位聽眾將手舉起來穿過投影機的燈光問到：「教練，我們如何在時間有限時的前題下，針對每位運動員使用不同的溝通技巧？」當下我才剛結束講演，主題是有關改變對運動員的表達方式，將會影響他們的認知與行為。這位與會者的問題真是太棒了。一般來說，我對這類問題通常都會從反問他們「到目前為止，你主要或錯誤的溝通策略為何？」開始。你會很驚訝地發現，這樣的問題通常都會伴隨許久的停

頓或滿臉狐疑的表情。如果他們真的回答了，我通常會繼續問為什麼他們會使用這個策略，和這個策略是否真的適合這位運動員或球隊（例如根據運動員的年紀、訓練背景，甚至是社經背景）。同樣地，你甚至會很驚訝許多人是沒有回應的，事實上，很多人甚至沒有想過他們特殊的溝通策略是什麼，更不要說往這方面鑽研了。這並不是要敲醒他們或無法清楚找到自己策略的人。在學習如何成為一位更好溝通者的道路上，很容易發現自己會迷失，需要一盞明燈來指引。就我的看法而言，至少這些提出問題的教練都有意識到。這讓我知道，他們體認到自己需要改變了。在教練界有個問題，就是我們都被訓練成尋求唯一與「最佳」答案，就好像在研究如何增強爆發力的時候，會尋找適當負荷（optimal load）一樣。

在教學指導的溝通技巧上，我觀察到一些經典的錯誤策略：

- 這就是 ＿＿＿＿＿＿＿＿（在這裡加入任何運動、技術或例行公事）！
- 你應該**如何**做這件事（若後面接著許多資訊或指令，只對教練有意義，但對運動員卻沒有幫助）。
- 現在就做吧！

- 等一下，為什麼他們沒有照著我的話來做？
- **不斷地重複（但是加大音量與誇張肢體動作）。**

　　在你輕忽上述方式之前，請記得一件事：在歷史洪流裡（在今日仍有少數情況），「教練」一詞代表著肅然起敬的頭銜和職稱。教練並不需要向人多做解釋。運動員會自動排好隊伍，並且專心聆聽指導，要不然他們就知道後果了。當然，今天的文化與運動員的處境已截然不同。他們手上有許多可用的資訊，並且對他們想要的東西有更強烈的需求。這不只是千禧世代的事，這反映出今日的社會，以自我為中心和高度自我表達的現象。不管怎樣，比起從前，今天的人們較不容易接受別人，而且容易產生質疑。

　　特別是隨著資訊的發達，越來越多人可以自行研究，並問「為什麼？」這意謂著所有的領導者想要他人遵循某項行為時，必須學習如何更有效地產生連結和表達。與過往相較，今日的教學指導與良好溝通技巧必須畫上等號。教練必須更進一步地剖析自己的訓練哲學和特質，持續地強化整體的教學風格。當試著要幫助別人時，若沒有先了解自己、學習如何分析當前處境和找到與目標之間的距離會相當不利。我們需了解自己有哪些地方會影響結果，而且在過程中何時需要改進。

人格特質策略應用

　　我們現在知道要成為好的溝通者，首當之務是自我反思。在內省的過程中，你將面對許多事實。有些毋庸置疑地會幫助你向上提升，並且帶給你許多力量與自信，但相對的，你將發現有些缺點會讓你向下沉淪。有一點非常重要，就是當你發現這些優缺點，不論是正面或負面的都無法定義你時千萬不要逃跑。成功的教練、老師和領導者會將這些面向整合到策略中。他們知道自己的強項與弱點，所以會在心中同時擬定兩種策略。

　　請記得我們有時候會被歸類為某種原型，但絕不是進入真空狀態。我們都擁有許多心理和行為特質，在學習與溝通風格中也有極大的差異。領導統御的方式很多元，各有優缺，不必求同。沒有領導者是一模一樣的，你要領導的人也是如此，要能設身處地為他人著想。學習新的技巧或概念時，有些人反應很快，並且能掌握細微的差別；有些人較偏向視覺化領導，依賴肢體語言或肢體動作的溝通。仍然有許多人希望先知道「為什麼」，才有辦法消化與吸收新知。

　　需要知道「為什麼」的人，通常都對數學演算感到挫折，因為我們從小就被教導有些公式「就是這樣」。我也是

其中之一，因此與其計算這些題目，我會選擇直接跑出教室玩美式足球（這樣的行為並不恰當）。這也是為什麼一開始在數學上遭遇挫折的人，當他們了解數學可以運用在喜歡的事物上時，成績會突飛猛進。對肌力與體能教練來說，當討論力量與速度時，可以將物理原理實際運用於訓練運動員上，還有負荷量對肌力訓練的影響。當學生知道老師會使用更多有創意的方法來教學時，例如運用錢或大理石來學習不同公式，就會更有學習熱忱。

　　談論教練性格時，我們來分析在天秤兩端的著名例子：頑固／強硬派，例如前印第安那州立大學傳奇教練鮑伯・奈特（Bobby Knight）；導師／滋養派，例如約翰・伍登（John Wooden）被許多人認為是史上偉大教練之一，而且不只在運動領域中。當然不僅這兩種類型，但為了能更了解不同類型的教練風格，我們先看這兩個極端例子。

　　提到這兩種教練風格時，你是否想過自己屬於哪一種？你跟運動員的應對是否比較偏向自己的教學風格和行為傾向？抑或是根據你原本設計好的訓練方法？你每天在練習開始、開會、訓練或正式比賽時，對運動員所說的第一件事如何與你的應對態度相結合？你的應對如何與聲調語氣連結？強硬派的教練，例如奈特，也許較威權，為了要灌輸運動員

堅忍不拔的精神，每天早上開會時都會討論速度、強度、勇氣和快速恢復的重要性。相對地，天秤另一端的教練，會在開始時說明耐心、堅持和認真的重要性時，或許會用比喻或暗喻的方式來表達。

　　哪一個比較好？你應該知道，沒有「一定」誰比誰好。關鍵點在於必須針對不同的狀況和個人，因時因地制宜。對於致力於運動表現的教練，很難說較正向領導的教練就一定比負面教練好。事實上，唯有將兩者結合，並徹底了解何時該用哪種風格，才會對你成為心志教練最有幫助。再次強調，這也是為什麼你天生的個性或傾向沒有所謂的「不好」的原因。重要的是學習了解自己，並且根據狀況來運用你不同的個性。

　　在兩個對比的情況下，很難想像例如馬基維利主義（machiavellianism）或自戀狂等擁有黑暗特徵的，會跟富親和力（agreeableness）和情緒穩定性（emotional stability）等光明特徵一樣有效或甚至更好。根據賈吉（Judge）、皮科洛（Piccolo）和科薩卡（Kosalka）（2009）的研究指出，組織心理與領導，還包含了演化理論、演化心理學、行為遺傳學（behavior genetics）和社會分析理論等，在領導統御中分為黑暗特質中有光明面、光明特質中有黑暗面兩種情況。我們可以藉由了解情緒穩定性和自戀狂進一步理解箇中意涵。

（＊若想更清楚與全面地了解相關論點，建議可以多閱讀相
關文章；這一小節僅說明複雜領導統御悖論，以及其背後部
分的科學根據。）

自戀症的缺點

　　大多數人對這個詞彙並不陌生，並且常在運動員、名人
和政治人物身上看到。要更加清楚地描述這個詞彙，可以參
考耶魯研究員塞斯・羅森塔爾（Seth Rosenthal）和哈佛大學
教授陶德・皮廷斯基（Todd Pittinsky）的論點，他們專門研
究人類心理與組織行為，發現自戀症就是一種傲慢自大、自
私自利、權力欲望和充滿敵意的人格特質（2006）。自戀症
通常也會顯示出逾常的驕傲自負和自憐，這會導致他們的領
導統御不只自利偏差（self-serving bias），而且缺乏考量自己
所做的決定將會如何影響他人。自戀症的教練通常都會將訓
練當成一場秀來表演，但這看在其他教練眼裡卻一點也不實
際。當運動員進步不如預期時，他們通常會將矛頭指向運動
員或助理教練，而不是捫心自問哪裡可以做得更好。

自戀症的優點

　　雖然每當我們想到自戀症心中就會產生極大的厭惡感，
但在許多情況下，它對領導統御卻很有幫助。舉例來說，根

據美國歷任總統的人格分析，越容易感到自滿和自戀傾向，行政績效和領導魅力就越高（Deluga, 1997）。當然有人會說，「行政績效」和「領導魅力」有許多討論空間，因為歷史上不少領導者會精心運用這些特質做出不光彩的事。但再次強調，我們是討論「有效」的領導統御概念，而不是「利他主義」的領導統御。除此之外，一項實地研究三百名軍校生的資料顯示，好的領導者在利己主義和自我肯定方面的測驗成績較高，而這兩項在自戀症中都屬於正向，也因此這類型的領導者較有自信與勇氣執行任務。或許有人會說，只會執行命令不見得就是好的領導者，不過很難否認無論是在軍事或商業環境中，領導者每天都會面臨難以抉擇的決定，因此必須主動積極與堅忍不拔，才能應對瞬息萬變的狀況。（Paunoene, Lönnqvist, Verkasalo, Leikas, & Nissinen, 2006）。

最後，也可能是最重要的，自戀型的領導者為了要維持他的正面形象，因此會修正他們的人際溝通技巧。換句話說，他們比較能適應各種不同的情況（Leary & Kowalski, 1990）。

情緒穩定性的優點

因為這個詞彙從表面上來看非常正面，所以我從它的優點開始分析。領導統御本身就是情緒表現的過程

（Dasborough & Ashkanasy, 2002）。我們認為情緒穩定的人就像一幅平靜的畫、落難時可以依靠的巨石，並且都有使命必達的堅定決心。情緒穩定的領導者在表達情緒上是沉著、穩定且始終如一的，也不像大多數人有許多負面的情緒或焦慮（Judge & LePine, 2007）。

　　成功的領導者需具備情緒穩定這項特質（Northouse, 1997），因為他能夠在險峻的態勢下，快速地引導團隊走向正確的道路，並且不會讓情緒影響他的思考判斷，因此能夠做出更好的決定。

情緒穩定性的缺點

　　儘管領導者在險峻的環境下，具有沉著冷靜與從容不迫的態度非常重要，但真正的領導統御（特別是教練）會因應不同情況而有不同情緒，而非整天都用相同的反應來面對每件事。無論是面對歡樂或困境，教練若能真情流露絕對有利領導統御，如此才能夠與運動員分享喜悅與悲傷，並且與他們融為一體。當訓練運動員時，情緒太過穩定將會造成情緒疲乏，然而真實情感可以強化領導者想要影響的人的信任感（Kouzes & Posner, 2003）。領導者若過度展現出純淨思維或溝通技巧，通常會讓人感到是在算計或事不關己，而非值得信任或能鼓舞人心。除此之外，二〇〇五年在《應用心理

學》期刊（*Journal of Applied Psychology*）上發表的一篇文章指出，領導者若未能適度地展現不同的情緒，員工對整體工作滿意度、信任和關係品質會較低，缺席與離職率則會偏高（Farmer & Aguinis, 2005）。

關於情緒穩定的研究與觀察指出，當你在不同狀況考量這個概念會更有趣，研究人員甚至發現許多歷史上成功的領導者，他們的人格特質恰恰與情緒穩定相反！

美國前總統狄奧多·羅斯福（Theodore Roosevelt）被心理學家陶德·卡珊登（Todd Kashdan）和羅伯特·比斯瓦斯－迪納（Robert Biswas-Diener）認為是「泰迪熊效應」（Teddy Effect）的典型人物。泰迪熊效應被卡珊登和比斯瓦斯－迪納用來提供一個清晰的概念，就是如何讓傳統人格特質的黑暗面——例如精神病態——成為更有效的領導統御基石。雖然老羅斯福總統的情緒起伏很大，但他在擔任總統期間卻能與家人、軍隊和一般民眾保持良好關係，使他成為美國史上偉大的總統之一。老羅斯福總統在領導他人時，能夠真情流露，並且不擔心別人知道他的真實性格，與堅持中庸的領導者截然不同。

卡珊登和比斯瓦斯－迪納在合著的《允許自己不快樂》（*The Upside to Your Dark Side*）一書中，清楚地指出他們並非讚揚精神病態或精神病患者的特質，只是希望大家留意當

心理學家使用精神病態這個專有名詞時，不是只有負面，也可能有正面的特質，包括風采迷人、無畏於任何焦慮和勇者無懼等。

關於特質重要的結論

在定義心志教練的特質時，能否同時擷取人格特質中光明面與黑暗面的優點很重要。不論何種類型的教練，必須謹記沒有「理想」型態的領導者。領導統御是門藝術。

烏爾－班、馬里恩和麥凱維爾（Uhl-Bien, Marion, & McKelvey, 2007）在二〇〇七年時提到，領導統御通常瞬息萬變。談論這些特質時，別忘了生物的適應性與演化觀點：當情況和環境產生變化時，能成功地完成某件事的能力特質也許會適得其反。英國行為研究學者丹尼爾‧列托（Daniel Nettle），用著名的達爾文雀為例說明。列托指出，當氣候較好時，喙較小的達爾文雀可以生活得很好，因為他們可以很快地啄食許多種子。然而，當旱季來臨時，卻對喙較大的達爾文雀有利，因為可以輕鬆地啄開乾旱的土壤（Nettle, 2006）。達爾文雀的例子啟發了傳統認為「適者生存」的迷思，因為很多時候適者會被誤以為是身體最強壯的，但事實上卻是最能適應環境的。

從演化論與適應性中學習——而非堅持己見。為了要成

為心目中好的領導者、教練和顧問，可以從自己的黑暗與光明面特質中找尋多樣性，如此方可適應各種不同的狀況。好的領導者有個歷久彌新的特質，就是能夠在光明面與黑暗面的情緒狀態下找到平衡點。這種完整性與活在當下的感覺，能幫助我們成為心志教練，面對各種狀況都能有最佳的解決方案。

到目前為止，我們已經探討了自我覺察的重要性，也討論了兩個獲得自我覺察的有效方法：從你的過去來檢視動機，以及完成人格特質評估來了解目前的優點與性格傾向。我們也說明了在領導統御上，沒有最好的特質或方法。我們必須全然了解自己，並根據不同情況做調整。但我們如何評估目前所處的環境，讓自己更了解適合運用何種性格呢？

不同環境決定我們運用不同的特質

在執教過程中我們會持續面臨生理與心理狀況的變化，所以根據不同的因素決定運用何種特質就顯得非常重要。我們每天的溝通方式必須根據不同因素，從很明顯的——例如我們的心情及將接觸的人的類型（還有我們與他們的關係、他們的年紀、性別和籍貫等等）——到不太很明顯的，例如運動員前晚的睡眠品質、賀爾蒙波動起伏、隊友態度或團隊文化，甚至訓練環境外的日常生活狀況。當教導或領導他

領導統御悖論

光明的特質		黑暗的特質	
全力以赴		**自戀症**	
光明面	黑暗面	光明面	黑暗面
- 沉穩	- 謹慎	- 自大	- 傲慢
- 有禮	- 分析	- 自重	- 權利
- 紀律	- 完美主義	- 自信	- 敵意
外向型		**狂妄自大**	
光明面	黑暗面	光明面	黑暗面
- 果斷	- 冒失	- 自重	- 過度驕傲
- 活力	- 侵略	- 權威	- 自我防衛
- 樂觀	- 輕率	- 鼓舞	
- 健談		- 自信	
超凡魅力		**社會優越**	
光明面	黑暗面	光明面	黑暗面
- 激勵	- 操控	- 權威	- 地位追逐
- 鼓舞	- 利用	- 成就	- 權力飢渴
		- 競爭優勢	- 操控
聰明才智		**馬基維利主義**	
光明面	黑暗面	光明面	黑暗面
- 自信	- 非典型	- 喜好領導	- 狡猾
- 正當	- 抽象	- 多面向領導	- 操控
- 守法	- 猶豫	- 掌控權力	
		- 有彈性	

人時，你需要用眼睛來看這個世界，但別忘了思考受眾的心理感受。調整自己的頻率與身邊的人相同非常重要。我們必須時時刻刻調整自己，以避免不了解運動員的真實需求而出現問題。你一定要記住不同的觀點、心智成熟度、長期目標和成長背景，運動員的核心價值也會與你不同。在每個不同的環境，甚至每個當下，運用不同的特質才能產生想要的結

果。當然並不是每個教學環境都允許我們慢條斯理地建立信任與關係；當需要快速提升信任感時，必須找出自己適合受眾方式的特質。例如稍微調整自己的肢體語言、傾聽並適時回饋，或運用運動員的說話方式來溝通。

　　重要的是，你希望運動員看到並接受你的觀點，而且認同你是以他們的需求為出發點。請記得，強化關係是從獲得他人的注意開始，然後慢慢地幫助他們達成目標，最後才能得到他們的信任。這些不同階段與策略會相互影響。

第三章
認識十六種運動員類型

「獲取知識的三個主要方法⋯⋯

觀察自然、深思和實驗。觀察是匯集事實;深思是整合;

實驗則是驗證整合的事實。」

——狄羅德(Denis Diderot)

以人為本，比賽次之

到目前為止，你已經學到許多如何發掘與了解自己人格特質和教學／溝通風格的方法，現在是從內而外檢視我們想要影響的運動員的時候了。運動員跟普羅大眾一樣有自己的想法、欲望、動機和擔憂。人類是情緒的動物，並且情緒通常會戰勝理智。如果你曾經對摯愛的人、朋友或同事大發雷霆，只不過是因為糟糕的一天、睡得不好或感到被「攻擊」，那麼你就能理解無論自認多冷靜沉著，也都有理智斷線的時候。換句話說，情緒會隨時發作，更容易因環境而增強。這個現象從我們所聽的音樂類型如何改變我們當下的感受就能略知一二。

人性與動機

情緒、理智與根深柢固的行為，這三項構成運動員的動機。什麼是動機呢？動機是內在機制，包括了意識和潛意識，它促使我們做出決定與最終行為。閱讀這本書就是你的學習動機所產生的結果。要求老闆幫你加薪就是你期望獲得更多資源的結果。

這個動機的概念，是二〇〇二年哈佛商學院組織行為學教授保羅・勞倫斯（Paul Lawrence）和尼汀・諾里亞

（Nitin Nohria）在「人性的四驅理論」（Four-Drive Theory of Human Nature）中提出的。在這個理論中，他們假設人類行為是由一到四個動機而來：學習、結合、獲得和防衛。取代過去雇主常用的「軟硬兼施」（carrot and stick approach）方法，成為更全面地觀察與發掘受雇者動機的理論。

雖然動機與激勵乍看之下很像，但它們是不同的。即使只有細微地差別，但卻影響深遠。激勵短暫且容易消失，動機則是深層且可以維持長久。動機已經深植於我們的潛意識中，可以激勵我們的行動。有關於動機的科學論證，是這些年跨領域整合研究，例如演化心理學、生物學和神經科學的結果。

動機從何而來？

身體與大腦是個非常複雜的結構。如果要詳細地解釋動機的生物學，就超出本書的範圍了。我們要了解的是，動機與大腦潛意識區的邊緣系統（limbic system，例如海馬迴〔hippocampus〕、杏仁核〔amygdala〕、和依核〔nucleus accumbens〕和意識區，例如前額葉皮質區〔prefrontal cortex〕）相連結。邊緣系統主要處理情緒和其過程，儘管曾被視為主司嗅覺的爬蟲腦（reptilian）的一部分（爬蟲腦位於處在休眠狀態的舊皮質區），但邊緣系統被證實透過刺激

下視丘（hypothalamus）與前額葉皮質連結，在影響我們行為上扮演重要的角色。大腦的情緒中心和前額葉皮質之間的交互作用，或者是和「理性腦」——掌管了較複雜的任務，例如下達決心、人格表現與合宜的社會行為——都能形塑我們做什麼、如何做和為何做，當然還有我們如何感知、記憶與解讀周遭的事物。史丹佛大學神經學、神經科學與生物科學系教授羅伯特·薩波斯基（Robert Sapolsky）博士和其同事，讓我們對邊緣系統功能有更深入的了解做出許多貢獻。他們發現情緒腦和理性腦的交互作用與身體在任何時刻的體驗，都會影響我們對周遭環境的感知與行為。南加大神經科學教授安東尼歐·達馬吉歐（Antonio Di Mascio），在關於動機影響我們行為中所扮演的角色有很好的說明。他說：「動機從大腦核心開始，滲透到其他神經系統中，接著出現在感覺當中或無意識地影響決心下達。」

當我們深入地了解動機和它如何影響我們的行為後，會發現一件重要的事，就是你無法操控某人對某件事的欲望，無論是訓練或儲蓄。你或許可以在當下短暫地激勵某人，但想要改變他的長期行為，你必須先幫他找到動機，並且讓他理解其重要性。意圖是強化運動表現的催化劑，而我們的工作就是幫助運動員找到他們的意圖。若你想要更進一步地了解動機的力量和邊緣系統，建議你閱讀薩波斯基的文章，還

有哈佛商學院勞倫斯和諾里亞兩位教授所寫的《驅力：人性如何支配我們的抉擇》（*Driven: How Human Nature Shapes Our Choices*）。

衝突

　　當談論到衝突的根源時，沒有人比心理學家布蘭達・蘇珊娜（Brenda Shoshanna）更言簡意賅地指出，「我們與世界的衝突，其實就是與我們自己的衝突」。

　　我們的理性會受情緒影響，而且因為我們終日與人相處，因此衝突成為每天日常生活和職場上的一部分。衝突的核心是由許多因素匯集而成，例如溝通不良、自大、個人的不安全感和社會比較。你可以注意到這些因素之間都有關聯，而且還會對我們的人際關係和日常生活造成重大的影響。教練通常不僅與指導的運動員發生衝突，還會與行政人員、工作人員和其他教練——在他們工作的領域中，甚至整個行業產生衝突。以自我為中心的偏見，是無法避免衝突的部分原因，它會藉由大腦化學作用制約我們深層的動機，並且被情緒強化。同時，當專注在摯愛的事物上或身處其中時，我們的情緒會增強。當我們發現競爭者或潛在威脅侵略摯愛的事物時，會感到被威脅、不安全和競爭感。這種會決定是朋友還是敵人的感覺，將造成非常不好的影響。

亞當‧賈林斯基（Adam Galinsky）博士和莫里斯‧史威瑟（Maurice Schweitzer）合著的《朋友與敵人》（*Friend or Foe*）中，探討了社會比較、競爭與合作的主題。

情緒會造成社會交換（social exchange）並帶來評價，從社群媒體上就可以得知。一個人對某件事陳述簡單的意見，透過社群媒體平台的傳播，可能會對其他人產生重大意義，也因此點燃成千上萬原本沒有受到直接影響的人產生過度反應，而覺得需要表達出自己的意見。這是人類的演化需求，就是需要獲得別人的認同，也因此會公開地表達自己的看法，但卻沒有想到別人會如何解讀。我在第一章簡短地討論過，我們與地球上其他動物不同，人類是社交動物，通常希望別人了解我們所關心的事物或想法。有些人認為衝突是人際關係中無可避免的（La Voi, 2007），也是相當正常的現象。

我們喜歡競爭與社會比較的天性，研究人員甚至有個專有名詞就是「幸災樂禍」：當我們看到嫉妒、討厭或競爭者發生失敗或表現不好時，內心會產生相對愉悅感。幸災樂禍就是當下缺乏同情與同理心。功能性磁振造影（fMRI）掃描大腦時發現，當我們看到比我們優秀的人遇到困境時，腹側紋狀體（ventral striatum）——大腦主要的獎賞系統（reward system）之一——會亮起，這表示我們出現滿足或愉悅感

（Takahashi, Kato, Matsuura, Mobbs, Suhara and Okubo, 2009）。

　　不論你認為衝突是正面抑或負面都無法避免，也不應該避免。儘管衝突會造成我們人際關係和團隊／個人表現的情緒與心理傷害（Rahim, 2002; Carron, Colman, Wheeler and Stevens, 2002; Holt, Black, Tamminen, Mandigo and Fox 2008; Vazou, Ntoumanis and Duda 2005），但衝突本身並非全然地一無是處。舉例來說，衝突所引發的討論，會讓我們聽到不同的聲音與觀點，促使組織、團隊和個人成長。在沒有衝突的狀態下，我們很容易自鳴得意，也因此容易持續走在一條當下很安全的路上。但以長遠的眼光來說，將會減少報償、誠實與效率。換句話說，衝突讓我們誠實。

　　我們都是從負面經驗中學習的，並且天分需要衝擊才能充分發揮。我已經數不清楚到底有多少次，為了捍衛訓練環境是針對整體而非個人的文化，而和運動員發生衝突。這樣的情況同時會發生在團隊與私人訓練身上。在團隊訓練上，你可能會遇到某位運動員認為你給的訓練不夠；在私人訓練上，你會遇到付得起高昂學費的客戶，但卻要求你一切都聽他的。

　　這讓我回想起一個特別的經驗。我曾幫一個職業選手在他休季時訓練體能，但某天晨間團隊訓練時，突然湧進許多劇組人員。他之前有跟我說某大新聞媒體要來拍攝以他和他

兄弟為主的紀錄片，但因為劇組人員通常不多所以不會影響訓練。這並不是常見的狀況，而且通常也不被允許，因為這除了會影響其他人之外，還會侵犯到不想入鏡的選手隱私。一般來說，這樣的訓練課程都會有十五～二十五個運動員，並且會按照時間計畫訓練，因為這樣才能完全執行所有訓練課表的要求。但這次，我努力讓課程不只流暢而且活潑地進行。如果你平常走進來會聽到震耳欲聾的音樂，和運動員重訓、衝刺與提出問題的聲音。這是我們閉門訓練的環境，但不是在這特殊的一天。課程開始前十分鐘，六位攝影師和燈光助理就在訓練場地中間架設機器。我熱情地走過去與他們打招呼，換來的只是冷漠地握手，連正眼都沒看我一眼。然後製作人問了一個尖銳的問題：「這音樂會一直播放嗎？」

　　我堅決地回答：「會的。」並且告訴他們，我們很歡迎你們到來，但請尊重其他付費的運動員，並且盡量不要影響到他們。他嘆了一口氣，看起來似乎非常不以為然，然後轉身離開。我想這將會是驚奇又有趣的早晨。我們先將大家集合，其他運動員看了一下四周，注意到旁邊有許多攝影機和懸吊式麥克風。你可以從他們的眼神中看到失望的神情，我也一樣。我們隨即展開訓練，但我發現有一位選手在鏡頭下訓練動作特別奇怪。攝影機對著他，他全身緊繃而且忘記正確的訓練動作。我試著提醒他，但因為我在鏡頭下糾正他，

所以換來失望的神情。每三分鐘，當他回神進行下一組訓練時，我都必須再次糾正他，而每次我都可以感受到他無法領會，並且希望我不要再指導他了。我環顧四周，發現其他選手也想匆匆結束訓練，並且感覺到因為這些攝影機的關係，情況即將失控。我真希望這些攝影機可以離開，因為這件事與其他人無關。過了一會兒，我將音樂關掉，並且將選手集合。我開頭就說：「聽著。我知道今天不是尋常的日子，而且這些攝影機分散了大家的注意力。我自己也受到影響。但這並不代表你們就要草草地完成訓練，並且忘記正確訓練動作的重要性。讓我們好好地完成最後的訓練。比起這幾台攝影機，在你們未來的職業生涯中，還會有更容易分散注意力的事！」我接著轉身有禮貌地問其中一位製作人，可否請他的助理不要在訓練區域內，我們才可以順利地進行，並確保選手的安全。當我說到一半時，剛才那位在鏡頭下的選手突然對我大吼。

他說，「如果你是在指我的話，大可以直接跟我說！」「我知道你說動作有問題的人就是我，為什麼你不直接跟我說？」我滿臉疑惑的看著他，為什麼他會認為我是在找他麻煩呢？我對於整個早上的狀況感到非常失望與難過。我回應他說，當我在指導他時已經提醒過他了，但我現在最關心的是每個人的訓練成效和保持專注力，當然包括他。在那當

下，我的腎上腺素已經升高了。認識我的人都知道我很容易
被激怒，特別是當有人刻意挑戰我的時候，如果我沒有控制
的話，理智線很容易斷掉。他依然很生氣，然後持續表達不
滿的情緒，我很清楚必須做出決定：回應或反擊。在這個狀
況下，為了之後的長遠關係，我認為應該回應他，並且控制
好自己的情緒。在人生中遇到挑戰時，我並不是那麼容易控
制自己，但在過去七年的時間裡，我花了很大的力氣成為更
好的傾聽者與溝通者。我深深地吸了一口氣，並且專心聽他
說話。我這樣做是一個合宜的回應。我的助理教練和其他運
動員都在看我如何處理這件事，因為根據以前經驗，如果我
在當下退讓，就代表他們下次也可以不尊重我。相對地，如
果我過度反擊，或許會贏得某些人的尊敬，但同時也會被貼
上不知道如何處理衝突的標籤。在某些情況下，輕聲細語會
比大聲咆哮有用。這次的情況就適用輕聲細語。當他說話
時，我注意到他會不時地偷瞄右邊，也就是劇組人員站的地
方；他知道當下還在拍攝。我對他的技巧指導導致他產生很
大的壓力，他覺得必須要捍衛自己，避免媒體播放他動作看
起來很糟糕的樣子。了解他的想法後，我簡短地表示我的目
標就是成為最好的教練，並且確保每位運動員的安全。

　　我再次播放音樂，並且等待劇組人員重新整理好準備拍
攝。他又再次地劇烈反應，但這次我將手放在他的肩膀上告

訴他，如果我在攝影機前集合選手說話，讓他感到很尷尬，我跟他說聲抱歉。我告訴他，我要確保攝影人員拍攝到他最棒的一面，也就是展現出他最真實的運動能力。我告訴他，我跟他一樣尊重自己的專業，但如果我將他錯誤的技巧視而不見，那麼我就是不尊重自己的專業。他看著我說：「我尊重你並且感謝你所做的一切。」接著又說他並不知道會有這麼多攝影機，且覺得其他選手也受到影響。他承認當別人讓他不好受時，他會不由自主地焦慮。情況終於撥雲見日，我們兩個握手致意，比起因自大和情緒讓衝突持續惡化，我們留下日後更好的互動與關係。

　　衝突本身並非問題，重點是管理衝突的技巧。發掘和處理衝突的能力，通常會直接影響意見分歧與誤會的結果（Knowles et al., 2015）。人們不同意別人的意見，是因為自己的目標和價值感無法與他人相符。這又回到建立認同感和信任上：如果我們身為教練或領導者，無法與運動員溝通自己的價值觀或信念，我們就無法與他們產生良好的連結，並且會留下許多重要問題待解決。如同剛才所說的例子，如果甲方相信乙方了解他為什麼要這麼做，而乙方也感受到他的意見被聽到了，那麼雙方就可以順利合作。但如果不是的話，表示溝通過程中產生了問題，或是誤判了衝突的類型。

衝突的類型

　　當開始研究這個章節時，我很快地發現衝突有許多不同類型，其中常見的衝突為任務與人際兩種（Jehn and Mannix, 2001）。「任務衝突」就是對一個特定任務有歧見，並且對如何處理該項任務也有不同想法。教練在執教過程中，任務衝突會發生在兩個教練對速度力學、舉重技巧或如何正確地解讀與記錄訓練數據有不同意見時。第二種類型是「人際衝突」，也就是兩個人或許多人之間有不同的意見、觀點和認知。這些情況會發生在教練之間，當然也會發生在運動員和隊友之間。

　　在教練領域中（當然也包括其他領域），任務衝突是正面衝突的典型代表。就像之前說過的，任務衝突通常會扮演個人或組織成長的催化劑。它迫使我們跳脫既定思考框架，重新找到自己的方法，讓我們的訓練和溝通方式更穩固也更適合。如果我們的「計畫 A」並不適合某個人或狀況，任務衝突將會帶領我們回頭檢視訓練進階與退階表、技術資料庫和年度計畫表。任務衝突也是我們兒時發展動作學習技巧的快取區，它可以幫助我們更加確認自身的環境，並且在行動上更有效率與流暢。你可以從小嬰兒第一次學走路的樣子，觀察到「任務衝突」的具體化呈現。換句話說，任務衝突與

進步相依。

　　相對地，因為有固執的一方，讓人際衝突變得惡名昭彰。任何年紀的人，都容易有「雙曲貼現」（hyperbolic discounting）的狀況，也就是寧可犧牲長遠的利益來換取眼前短暫的報酬。身為教練，你的工作就是避免這樣的情況發生。身為領導者，無論誰對誰錯，由你自行決定是否為了要尋求更好的解決方案，而先犧牲眼前短暫的利益。人際衝突絕不應該是自大的結果。浪費在人際衝突上的能量，可以更有效地運用在訓練或教學指導上。運動員與運動員之間的衝突管理也是一樣。當勝利、失敗、成功和失望激起難過、生氣與痛苦的情緒時，你必須調解運動員之間的衝突或歧見。當我還是研究助理時，調停了進攻球員與防守球員之間的衝突，我只請當中一位球員轉向我，因為他太執著於當下。為了更好地管理這些無法避免的衝突，你需要適時採取主動或被動回應的手段（當然不包括轉身），並搭配其他關係管理策略。

衝突管理的主動策略

　　衝突管理的主動策略，包括對訓練環境內部與外部沒有達到預期結果的討論。這是你經常遇到的情況之一，不論是運動員訓練遲到或缺席、藥物濫用問題、怠惰或不禮貌的行

為，這些問題會像傳染病一樣影響整個團隊文化。身為教練若同樣掉入這個陷阱十分罪惡。你脖子上掛著哨子或名字後面的那些稱謂，並不代表你就是不容挑戰。建立起你的個人標準，將你的個人特質具體呈現在與他人相處上，會慢慢地形成你想要創造的文化。

衝突管理的回應策略

回應策略是用來處理已經發生的衝突（knowles et al., 2015）。能用來仔細探討為什麼衝突會發生，可以如何降低或避免類似狀況發生的方法。但這並不是要你用手指頭指著他們，告訴他們不要再犯。大部分的運動員在當下通常都會微笑與點頭同意，可是離開你辦公室後，馬上故態復萌，甚至更糟地將情緒發洩在訓練場外。你可以與他們開誠布公地討論，並且支持他們。請記得你的目標是讓運動員認為你是他們「想要」追隨的教練，而不是另一個獨裁者。長遠來說，回應策略要成功是藉由調停與妥協，而不是強迫或逃避。請堅定信念，但別忘了當目標是維持或增進關係品質時，才能將妥協發揮到最好的境界。

再次強調，衝突管理的最高指導原則是信任。運動員都很聰明，有些運動員為了要達到目的或讓你離開，會想盡辦法讓你知道他們是怎麼樣的人。不相信嗎？可以問一下你的

實習生或志願教練，當你不在時，他們會做什麼與說什麼。在我剛開始教練生涯時，學到最寶貴的一課就是如何融入運動員，如此才能真正掌握總教練不在或脫離總教練視線時的訓練實況。我第一次整隊時，發現幾乎每個人都會專心聆聽我對今天訓練的講評，點頭表示了解和面帶微笑同意，可是一旦結束，許多人轉身就開始抱怨他們並不想做的訓練，或是批評我們的訓練不合乎需求（但這是很好的訓練）。運動員對於教練的偏心很敏感，他們會觀察你如何與在重訓室或訓練時較突出的運動員或明星選手互動，並且比較你對待他們與其他運動員的方式。這是每天都會發生的狀況，你要清楚且有策略，而不是都用陳腔濫調、輕拍鼓勵來回應，或是習以為常，單純地認為他們會漸漸地適應你的做事方式。管理衝突就像下棋一樣，如果你沒有想好後路和全體局勢，最終將會失去你從一開始就建立的尊重和認同。讓我繼續用下棋做比喻，討論如何規畫整盤棋及其中最重要的一步：第一印象。

洞察力和第一印象

要完整地「了解」一個人，需要花時間並且與他在不同情況下互動。我深信在弄清楚他經歷過的事和想要達成的事之前，並不算是真正地了解。這就是第一印象神祕的地方：

它似乎是要告訴我們許多事，即使我們只知道一點點。

　　第一印象是得到信任、尊重和理解的好時機，也是我們接下來與人互動的第一步。職涯和人際關係會因為不佳的第一印象而停滯，但有人因為良好的第一印象而有較佳的發展。身為教練、老師或任何一種經理人，在職涯中會因為歷練而轉換不同的職位，當我們走馬上任時，運動員或同事會在我們踏進門的第一時間就開始評價我們。有些研究指出，第一印象只有七秒鐘的時間，因此如果要創造良好的第一印象，必須先有良好的自信心。七秒鐘背後的概念是什麼？就是初始效應（primacy effect）。初始效應是一種認知偏誤，也就是我們比較容易清晰地回想起先接收到的訊息。初始效應不只發生在我們第一次見到某人，還有第一次握手時，以及我們對他衣著品味、體味、肢體語言、眼神接觸和其他非言語溝通方式的評價。這些都關乎我們判斷這個人是否值得信任、對我們是否有助益、具有吸引力或威脅性等。

解析情緒評估

　　當你認為我們的感覺在第一印象中扮演了重要的角色，你就不能忘記杏仁核這個有趣的角色。它是大腦中少數幾個與整體感官有密切關係的區域，杏仁核對社交與情緒刺激非常敏感，就像你超級迷信的朋友對十三號黑色星期五出現

黑貓的感覺一樣。我們先前有討論過杏仁核如何同時扮演動機及行為的整合角色。但大腦中另一個有趣的部分，就是協助杏仁核感官的後扣帶回皮質（posterior cingulate cortex, PCC），雖然它有許多角色與功能，但最主要是扮演自傳式記憶（特別是成功的回憶）和情緒與記憶的斡旋者。當我們下注或評價某樣東西，例如買了最新的智慧型手機或高爾夫球具時，會特別刺激後扣帶回皮質。

　　訊息的核心為何？就是當你第一次與人見面時，一定要用最真誠的方式與他互動。如果我們無法引起他們短、中和長期的注意力，也將無法成功地改變他們的行為。不論你是否喜歡，你如何表達自己、跟運動員說話的方式、身體外表和習慣與嗜好都會被近距離地檢視。你需要做的是減少自我，並且了解從心理與演化的觀點來說，運動員會打量你是很正常的。如果你沒有留下良好的第一印象也沒關係，即使是最糟的狀況終究會過去。在這個狀況下，你所能做的就是仔細思考自己沒有做好的部分，或請親近的朋友給你建議。運用這些資訊讓自己下次能更好。這與觀看自己在執教、演說和人際互動的錄影一樣重要。我想你一定會很驚訝自己在關鍵時刻的身體姿勢、口吃或臉部表情。就我個人來說，要評論自己在播客或其他媒體的錄影／錄音也非常困難。這是很自然的現象，因為我們會感到不舒服。經過省思後，將你

學到的慢慢消化，然後繼續往前，但避免矯枉過正。矯枉過正只會讓事情變得更糟。雖然不佳的第一印象很難改變，但只要你能突破圍籬讓別人更加了解你，第一印象的影響就會越來越少。第一印象非常重要——因為讓你可以有一個好的開始——但並不是全部。

　　這些原則也可以適用於別人用第一印象或刻意營造出來的權威感來欺騙我們的時候。「月暈效果」（halo effect）是相當知名的認知偏誤，也就是對一個人的印象會影響我們對他的想法和看法。我並不是說月暈效果不好，而是混雜的因素會模糊我們的判斷力。想像你正在會議中，主持人準備介紹下一位講者。你非常尊重這位主持人，而講者與主持人似乎有非常好的關係。當主持人隆重地介紹他的朋友，講者一上台所有的觀眾都會非常期待他的演說——不論是否真的了解講者或相信講者即將發表的演說。但因為主持人的鄭重介紹，讓講者獲得良好的開始。

　　若能多了解我們對他人一開始的評價、判斷和互動的偏誤與細節，將有助於我們管理自己，並且用別人的角度看事情，而不是只有自己的想法。無論你是對一群運動員、工作人員或會議室中的經理人說話，自我管理是管理他人感知非常重要的一部分。這樣的想法對於難搞的運動員來說特別有用。覺察並不是只有在第一印象中舉足輕重，在發掘個人

「原型」時也很重要。

原型

成功地與他人互動，是藉由我們了解他們的動機與需求而成的。一旦我們了解某人的動機與需求，就比較容易有共同的目標和達成方法。除了透過觀察與心理評估之外，另一個方法——這兩種方法並不互相排斥——就是將你訓練的運動員或其他教練，畫分為不同原型或是可預測的人格模式。我接下來所列的原型或許並不詳盡，而且某些人可能會擁有一個以上的原型，但它們絕對可以幫助你思考如何與不同類型的人互動。

在我們了解原型之前，有些專有名詞先跟大家說明：

原型名稱

我所使用的原型名稱（還有接下來的概述與細節）或許不足以代表所有運動員的類型，但這些是我常見且對你很有幫助的類型。雖然有些詞彙在肌力與體能的世界裡可能有爭議，但請你仔細閱讀每個原型名稱背後的意涵。

概述與優點

這裡提供每個原型特徵的簡介。讓你了解每種人格中常

見的特徵、傾向以及行為模式，同時也讓你知道如何轉化這些傾向與行為，成為社交、生理及心理的競爭優勢。

弱點

這裡會將每個原型特徵中需要考量的地方標注出來。因為幾乎每個特徵都是一體兩面：勇氣與智慧是很好的優點，但如果過度自信或過度思考，並且對事情的反應變慢，那麼即使原本是好的特質也會拖累運動表現。

如何產生連結

這個部分讓我們知道如何與每種原型的運動員互動。他們的語言和非語言傾向為何？他們來自何方以及成長過程中的原生家庭類型為何？是值得信賴或沉默寡言？他們對批評的反應為何？學習如何解決這類型的問題和了解他們為什麼會有這樣的行為，可以提供有效的訊息讓我們知道如何與運動員產生連結，以及保持良好的關係。請記得，信任是心志教練的第一原則。

教練診療室

每個原型的細節會由退休或現役教練提供實際案例，他們的專業十分受到肯定，而且花了許多時間與運動員或其他

教練建立良好關係。偉大領導者不僅是教導，還會分享教學原理背後的故事。他們會花時間分享經驗，讓理論與實際相結合。更重要的是，他們讓你了解無論遇到多困難的情況都可以迎刃而解。這個微型教練「診療室」將會提供你許多寶貴的見解，還有他們處理特定原型的方法。若將這個章節與本書中學到的 know-how 結合起來，將讓你從只有單一專長的教練成為改變他人的人生教練，且能拓展你的專業能力。

技巧型

概述與優點

　　技巧型是理性運動員的原型之一，他們專注在動作模式相關的知識與運動表現上。他們有著完美主義的特質，並且在技巧或訓練動作上，會注意到別人沒觀察到的細節，而且懂得化繁為簡。他們將這些事物當成身心靈必須解開的密碼。在訓練時，你常常可以看到他們不只是展現技巧，還會加上個人風格，讓你知道他們非常精通這項技巧。如果他們在某項技巧或事物上遇到麻煩，會持續地分解每個步驟，然後不斷地練習到他們覺得完美無瑕為止。屬於技巧型的運動員，個性從內向到外向都有。他們的社交圈通常很小，時常可以看到他們在團隊訓練後還留下來自行鍛鍊。也因為他們對技巧和動作非常熟悉，所以與其他運動員相處融洽。其他

人喜歡與技巧型運動員在一起，因為他們也想學這樣的技巧與能力。最重要的是，技巧型運動員會不斷尋求理解、知識和精進。

弱點

儘管他們具有高水準的動作技巧和絕佳的身體控制能力，但他們的內心卻是進步的最大障礙。在平時穩定的環境下練習，很難將訓練效果轉移至真實的賽場上。在穩定的環境下，運動員不太需要做出不熟悉或有威脅的決定。如果練習時犯了錯，只要再來一次就好了，最多就是受到教練責備或隊友嘲諷而已。但在賽場上，面對的是對手與觀眾的喧囂和實際結果，這些都會改變他們的內心對話。當一切情況都在掌握之中，他們無可匹敵，但如果情況沒有按照預期發展，他們就開始倍感壓力，然後因為無法達到完美而導致失敗。如果這樣的狀況無法解決，那麼技巧型運動員就會成為擁有成功天賦、但卻無法在比賽中盡情發揮的選手。簡單來說，技巧型運動員很容易成為練習一條龍，比賽一條蟲。

如何產生連結

技巧型運動員非常重視每項訓練的資訊與內容。他們了解動作理論的特點，也喜歡學習新的方法來強化技巧。教

學方法上可以藉由認同他們的喜好或示範來達到更有效地學習。一旦他們知道你也有相同的思維，就更容易接受你的想法，也更願意接受你的領導，因為你不只是教他們舉重而已。在給他們新資訊之前，先認同他們已知的相當重要，這是卸除自負的方法，也讓他們心悅誠服地接受你的教學方式。儘管每位技巧型運動員的可教導性都不一樣，只要獲得他們的信任、他們也了解你的想法，那麼他們就會是你忠誠的運動員。

教練診療室：

由安東尼・唐史庫夫（Anthony Donskov，CSCS）教練提供

我們在二〇一三年夏天開始訓練自由式摔角菁英選手，主要是幫美國代表隊三位頂尖選手訓練體能。在一次訓練課程結束後，其中一位選手問我，他是否可以帶朋友／隊友來拜訪我並參觀訓練中心。因為他朋友也想加入一起訓練。經過一些訪談後，我知道他朋友是全球重量級摔角選手之一，訓練過程就像大師級棋手一樣採自主訓練，社交圈很小，並且不斷地追尋訓練方法來增強自己的運動表現。換句話說，他就是技巧型運動員：非常精通自己的技巧，有著上天賦予的能力，讓他能夠將非常困難的動作，以最簡單的方式展現出來，並且像一個學識淵博的教授孜孜不倦地學習。

在我們第一次見面後沒多久，他就展露出個人性格；我
們評估後不久，許多技巧型的特徵就顯露出來。在我擔任肌
力與體能教練職涯中，從沒見過體重高達二百七十五磅的選
手，可以展現出這麼優雅的動作。雖然他的體型像頭小水
牛，但身手卻靈巧地像隻白尾鹿。如果用輸入等於輸出來比
喻他的效能，簡直就是台全新的蘋果電腦。除了肢體技能的
特質外，他總是詢問「為什麼」。為什麼我們要做這個？為
什麼這對我來說很重要？為什麼這個有關係？我從來沒有
在這麼短的時間內被問這麼多次的「為什麼」。我的直覺告
訴我，他非常渴望知識，但是也很保護和捍衛自己的意識形
態，並且持續地分析每個過程。在當下，這種過度分析可能
會阻礙而非增進運動表現。我們的內心就像一塊強大的肌
肉，但如果持續過度刺激，很快地就會因負荷過度而導致功
能失調。

　　身為教練，第一件事就是建立信任。有彈性的教練應該
是對每個人的特徵和特質，例如個性與家庭生活都非常感興
趣。當然對於技巧型運動員也是一樣。對我來說，重要的不
只要知道他是位摔角選手，還要認識他這個人。誠如肌力與
體能界的傳奇強尼・帕克（Johnny Parker）教練所說：「我
訓練的是人，而不是槓片。根據我二十七年的經驗，運動員
要的是一位真正關心他們，並且能夠幫助他們增進運動表現

的教練。在他們知道你有多在乎他們之前，根本不在乎你到底懂多少。」在當下，我們建立了關係與信任。那段期間，我所回答有關「為什麼」的問題超過整個執教生涯，包含訓練、生理學、運動戰術、心理學和比賽日準備等相關問題。坦白說，因為他不斷地提問，讓我成為更好的教練。我從來不隨便應付他。如果我不知道答案，會去尋求正解。第二件事就是認同他的熱情、天賦和精湛的技巧。我藉由陪他練習摔角來了解各項動作、賽前如何準備、如何訓練相關技巧，以及這些事項如何在重訓室完成。我發現技巧型運動員如果知道你認同他們的專項運動，他們也會很直接地回饋在體能訓練上。換句話說，展現出你真正地關心他們的專項運動，就能讓他們心悅誠服！

　　在信任建立後，我們進入很棒的關係。我們攜手合作相關訓練，但這並不表示會一帆風順。因為摔角界充斥著劣質的訓練哲學：折磨是通過考驗的象徵、高訓練量以及沒有足夠恢復時間的高強度訓練，這些都是技擊運動的根基，可惜都過時了。我們課表的設計概念與這些古老的訓練法剛好相反。我跟他分享了一些期刊論文、學術研究和相關資訊，也希望他能夠了解訓練效果必須能夠轉移，對他來說，就是轉移到摔角運動上。我們並不在乎仰臥推舉能否推到五百磅；我們在乎的是，他的健康以及能否展現出真正的力量。技巧

型運動員會尋求認同，因為這能舒緩他們過度緊繃的心靈，並且強化他們信任訓練的過程。一旦信任感建立後，他們內在的能量得以發揮，並且運用在其他訓練與非訓練的相關事物上。換句話說，如果他們知道為什麼，對於如何做就不會想太多，並且相信你會帶領他們完成這趟旅程。

技巧型運動員的特質會讓教練成長、學習、適應與改變。我真心相信最好的教練都有非常高的情緒智商，或是能夠同時指導目標相同但人格特質不同的選手。這樣的教練會改變別人的人生，調整學習環境，提倡愛、奉獻與紀律——並且都使用具體的方法。在教練生涯中，路標、地圖或導引手冊，並沒有比人際互動和溝通能力更重要。技巧型運動員是非常渴望被指導的類型之一！

皇室型

概述與優點

皇室型運動員通常有頭銜或優越感的包袱。他們通常都有輝煌的過去——不論是在成長過程、同儕之間、報章媒體，或三者皆有——因此導致他們容易讓人有不容挑戰的感覺，或別人應該尊重他們的天賦。皇室型運動員的隱性自戀特質，透過競爭產生的自信有助於獲勝。在競爭激烈的比賽中，他們相信自己可以脫穎而出，也總能成為最頂尖的選

手。這樣的自信可以幫助他們遭遇挫折時有較好的表現，而其他選手或許會產生自我懷疑。

弱點

當你深入了解皇室型運動員會發現他們頗驕縱，無論是不想脫離自己的舒適圈或避免參加缺乏自信的活動。他們非常在意別人的評價，並且會藉由彰顯自己的強項來維護聲譽，但同時避免讓別人知道自己過去與現在的弱點。除非你和他有長期的良好互動，否則這種類型的運動員非常難指導。

如何產生連結

教練與皇室型運動員相處，必須要有良好的體能與自我控制能力。當教練遇到這種類型的運動員時，為了要讓他們回到現實世界，都會想要「好好鍛鍊他們」，或讓他們謙虛一點。請記得，培養這類型的運動員是你的責任，而謙遜這個特質最好是從第一手經驗習得。如果採用強迫或做作方法不會有效。從現在起，融入他們吧，因為讓他們談談自己比較輕鬆自然；多問問他們吧，當他們談得越多，就會感到越自在，如此可以漸漸地改變他們。當形容一項運動或技巧時，可以讓他們感覺到這是他們擅長的，因為你知道他們以

此為傲。這樣持續下去會讓他們更感受到你的專業，因為這類型運動員都喜歡展示他們高超的技藝。相對地，如果他們對特定訓練敬謝不敏，那麼可以找另一位擅長該項訓練的選手，並且公開讚揚他，這樣就會吸引皇室型運動員的目光。即使他們沒有立即回應，但只要你持續這樣做，他們終究還是會有所回應的。這就是社會認同法則的最高境界。社會認同就是當某人發現另一個人的行為可以獲得獎賞或正面結果時（在這個案例中為公開讚揚），他們會更容易接受該項行為。

教練診療室：

由大衛・喬伊斯（David Joyce, BPhty [Hons]、MPhty [Sports]、MExSC [S&C]）提供

隨著頭銜文化充斥社會，我預期會有越來越多的皇室型運動員。根據經驗，皇室型運動員通常都投對了胎，不論是在基因或財力上。他們從小就享受其他孩子沒有的資源；舉例來說，他們可能是學校裡最壯或跑得最快的，或是請得起最好的教練或參加昂貴的訓練營。但最後，他們的運動或技巧優勢，通常都是與程度相近的對手比較而來。就像世界上許多皇室貴族一樣，他們天生就占有優勢。我必須說這並不是他們的錯。他們因為天賦才脫穎而出，或因為比起可憐的

同儕，他們從小就接受良好的訓練。

　　皇室型運動員所面臨的問題是，當他們進入較高層級的比賽，就不再是小池塘裡的唯一大魚了。因為那裡有許多大魚，而且通常會更大。如果他們連成功人生必須具備的勇氣和自我決定都還沒準備好，更不用說運動了，那麼他們將無法與他人競爭。

　　皇室型運動員的行為特徵通常不容易被接受，所以常掩蓋內心的不安全感；自我懷疑者多半會虛張聲勢或趾高氣昂來掩飾自尊的缺陷。他們從來都不需要打破撲滿來買購物，因為想要的都順利到手了，如果突然間無法獲致某樣東西就會非常沮喪（無論是代表隊選拔或個人運動表現突破）。

　　這類型運動員通常都依賴正面經驗，因為他們在運動生涯早期可以欺壓較弱的對手。但當面對相同身體素質或聰明才智的對手時，常會困惑為何無法像以前一樣無往不利。也因此他們痛恨在眾人面前被羞辱。失敗的感覺已經讓他們夠難受了，何況是在眾目睽睽之下。因此，他們盡量避免離開舒適圈，這通常也是心理上的弱點。

　　皇室型運動員跟其他類型運動員一樣，都需要愛與關懷。他們通常會成為教練不想花時間與精力去了解的趾高氣昂的受害者。這會讓他們在重視一致性與倫理的團隊中格格不入，又因為不易被隊友接受而陷入惡性循環中。

　　我曾經指導過一位美式足球員，他就像一頭猛獸，曾被公認為全國最佳的年輕球員。他總是比同儕高大，一踏入球場就是現成的球員（至少在身材上）。他可以輕易地壓制對手，並且不費吹灰之力就進入選拔。

　　在他職業生涯初期，前十字韌帶曾經斷裂，不幸的是，十二個月後再次斷裂（在這中間，他是聯盟最頂尖的球員）。當我到球隊報到後，他總是悶悶不樂、喜怒無常，並且非常大牌，與他在球場上表現出來的成績非常不符。

　　指導皇室型運動員與其他原型沒有不同，你還是要先知道他的背景、動機和懼怕的事物。當我在他第二復健週期尾聲進行團體體操動作訓練時，他斷然拒絕參與一項從蹦床翻滾到墊上的訓練。他很明顯地表達出不喜歡這項訓練，認為幼稚而且與他的專項運動表現無關。他憤怒地中斷訓練並衝了出去，而且還踢倒一個垃圾桶。這是任性與不成熟的行為，但當下責備他於事無補，事情不會有圓滿的結局。

　　我知道這樣的情緒爆發會讓他既生氣又尷尬，所以我想等他冷靜下來完成復健與肌力訓練後再聊。我先徵詢他的同意，然後與他一起訓練。這讓他感覺到我跟他是同一陣線，並且在十分鐘後，我問他有關體操訓練的事，他回答那樣的訓練是「愚蠢和羞辱人的」。第二個字告訴了我答案。從字裡行間得知，如果他做不到的事，就會有被羞辱的感覺。

　　所有皇室型運動員都認為自己是領導者，他們從小就是最好的球員，而且大部分都擔任隊長。在這裡我要先了解他的內在自我，並且讓他清楚地知道，之後若有訓練讓他感受到「被羞辱」，可以私下跟我說，我會給他替代的訓練方法，而不是在其他選手面前製造尷尬的場面。我溫柔而堅定地告訴他，他的行為並不是領導者的風範，而且也無法被縱容。他感受到我與他同一陣線，並且給他台階下。我如果斥責他（不論是在全隊面前或私底下），將會失去修正他行為的機會。

　　當重量訓練持續進行時，我問他有關翻滾訓練的想法，他回答從來沒有嘗試過。這是我的錯，因為沒有先跟他解釋，他可能要做出一個類似太陽馬戲團的動作，即使只是一個前滾翻的動作。我告訴他重量訓練結束後，我會教他一個非常簡單的翻滾方法，我們是一對一教學，沒有其他人在。他因為信任我，因此不怕在我面前出糗——但在隊友面前出糗就萬萬不可。

　　十分鐘內他就在蹦床上完成練習前滾翻和後滾翻。更重要的是，我們建立了信任感，這會是未來互動的基石，同時也建立起當他顯露「優越感」及感到受威脅時的互動模式。

　　經過一年的磨合，他重新建立起自己的名聲，甚至運用這個方式來幫助其他要大牌的球員。身為教練最感欣慰的，

就是看到某人因為你的影響而從學生變成老師。你的工作並不是幫運動員規畫好道路，而是協助他準備好面對挑戰。

軍人型

概述與優點

這個原型的名稱可以從字面和寓意兩方面來說。字面上，或許你們曾經與軍人共事過，而我無法言喻何其榮幸能在教練生涯中有這樣的機會。我們因與這些有高度目標的人共事，職涯將會跳耀式進展，因為他們都是用自己的生命來換取百姓的自由與和平。如果你真的與這群人相處過，將會理解我所說的。

軍人型的隱喻意涵代表運動員不只照著你的要求行事，還非常重視細節。不論是否與技巧和能力有關，他們都非常融入，願意犧牲一切只為了達成團隊目標。軍人型通常都有冷靜沉著的特質，因此可以從容地克服任何挫折，並且尋找最有效的解決方案繼續前進。

弱點

在訓練或比賽環境下，軍人型運動員的最大弱點同時也是他們的最大強項：百折不撓的意志力。他們不惜犧牲一切代價來達成目標，即使是他們的健康。身為教練，我們必

須與他們連結，並且時時刻刻關照他們。他們不知道何時該放手，所以我們要幫助他們。在他們眼中，休息並不是策略——而是懦弱的表現。我們的責任就是讓他們知道，適度地休息可以幫助他們達成目標。

如何產生連結

　　與軍人型運動員產生連結的第一步，是讓他們知道你了解且認同他們的動機，不會任意阻止。你必須尊重他們，但也要明白地表達出對他們的期待。軍人型運動員最需要的就是簡潔明瞭，當他們知道「任務」與目標一致時，就成為整合自己身心靈的專家。如果他們對細節相當要求並堅守承諾，同時也了解休息有助於長遠的運動表現，你的付出才能得到最大回饋。軍人型運動員非常渴望訓練，所以闡明這些論點就像是告訴你有同時有強迫症和 A 型人格。這一切都是出自內心的善意，但卻還是無法阻止他。軍人型運動員會以身作則來領導，但卻不喜歡出鋒頭。身為教練，你會幾乎忘記他們，因為你不太需要擔心他們是否完成該做的事。但就像所有運動員一樣，無論哪一型都需要互動，尤其是軍人型，他們只是不需要保母。花些時間與軍人型運動員建立良好關係，你將終生受益。

教練診療室：

由維克・霍爾（Victor Hall, CSCS、FMS 1&2）教練提供

當教練形容一位運動員很「受教」，這是高度的讚揚。為了要贏得這樣的肯定，運動員必須認真訓練、仔細聆聽指導和回饋，以及掌握訓練進度，並且對支持他的人心存感恩。根據我的經驗，最願意接受指導的運動員通常都服過役，有部分是因為他們接受過嚴苛的訓練和天生的價值觀，這些真正的勇士是教練理想學生的典範。想像一下你從不需要激勵他們、吹哨子要他們注意或懷疑自己是否對他們產生影響。雖然這些對教練來說很重要，但訓練軍人型運動員你不需要太擔心，你最大的挑戰是讓他們學會保護自己。這是我與真正的軍人一起訓練時學到的相關經驗。

當你在軍事單位擔任運動表現教練時，有些軍人不參加你的訓練課程很正常。他們都有自己的訓練課表——通常根據以往的經驗、喜好或目前最受歡迎的訓練方法。這是他們捱過多年軍旅生涯才贏得的自主權。我在健身房時常看到自主訓練的軍人，有位軍人讓我印象深刻，他的身材非常好卻依然一直持續做同樣的訓練。他堅信「如果某些訓練是好的，那麼越做就會越好」。因為他在單位內的職位較高，因此喜歡自主訓練，所以我的目標一開始只是建立他的信任感，希望接下來能夠幫他設計訓練課表。我們從簡單的聊天開

始，我問了許多有關他服役和訓練的事情，也聊到教養、球賽和童年等等。直到我們較熟悉了，我才問他是否可以一起訓練。一旦他願意與我並肩訓練（儘管只有一節課），我就可以提供建議了。一開始都是些簡單的提議，我建議他在課表內加入一些簡單的動作，以改善訓練的不平衡，這樣有助於減緩他長期的慢性疼痛。隨著時間演進，我們的關係越來越好，更常一起訓練，最後他終於相信我可以幫他設計訓練課表。

如果一開始就採用極端的方法，大幅度地改變他的訓練計畫，或許會造成反彈。我知道他需要的是較溫和的訓練方法和足夠的休息，同時也明白他非常重視自主訓練。

專家型

概述與優點

這個原型是需要特殊互動的類型之一。儘管他們的渴望非常明顯，就如同名稱暗示的，專家型運動員彷彿只在乎他們的專項運動，這是他們最深層的核心價值之一。對他們來說，專項運動不只是比賽而已，還是逃避的窗口，因為他們對訓練並不感興趣，你只要告訴他們球場或跑道在哪裡，就可以離開了。他們的熱情，讓他們能沉著地應付真正的比賽考驗。比賽根本就是為他們而設的。無論他們的性格是內斂

還是奔放，當他們一踏入賽場，你就可以看到他們完全地釋放自己，因為對比賽充滿了熱情。他們與技巧型運動員非常類似，會專注在比賽的各項枝微末節上。他們專項運動中的各種動作，都需要很高層次的直覺反應，動作若是不到位，就會吃足苦頭，但他們並不專注於訓練上。他們只在乎結果，卻不把訓練當成一回事。

弱點

　　有志成為頂尖球員的危險習慣之一，就是只專注在一件事上。但這似乎違背常理，因為我們都會被教導要更專心，專注於一項運動不要分心等等。但事實上，當我們能將許多看似不相關的事物串連起來，才能應付複雜的狀況。一個人在青少年時期若是多樓運動員，成長過程中如能找到一項真正喜歡的運動，長大後就能成為全面運動員。因為他們練習不同類型的動作技巧多年，所以能更精確地做出各項動作。

如何產生連結

　　提到專家型運動員時，沒有比「了解你的觀眾」這句話更貼切的了。所有互動必須從了解其他人喜歡什麼開始。這讓你了解他們目前的處境，並且能產生強烈的共鳴。專家型最在乎的就是比賽。當你看到他們的心思不在訓練當下，

而你卻想要指導他們時，可以用以下的例子來比喻。想像你
指導一位專家型籃球員，他非常自豪自己高超的灌籃技巧，
你應該不難想像在 NBA 球季賽時這是多麼的火熱。你告訴
這位球員，懸垂式上膊可以讓他「更具爆發力」，卻無法與
他產生連結，因為在他心中，認為自己已經非常具有爆發力
了。對一位自認可以漂亮灌籃的籃球員來說，要他體會快速
舉起槓鈴能增進灌籃技巧是非常困難的。通常他會在腦海中
浮現出，「麻煩給我一顆球，然後讓我自己訓練就好」。身為
運動表現教練，因為我們在科學、物理學、訓練遷移和適應
上的知識，讓我們了解這中間的連結。然而，球員所看到的
卻是又多了一件事要做，而且無法讓他們做真正想做的事：
打籃球。

　　我們可以從告訴他，為什麼要做懸垂式上膊和這項訓練
對他有什麼幫助；但不是用運動表現教練的行話，而是用籃
球的行話。例如，試著說，「懸垂式上膊訓練可以提升你的
垂直跳躍能力，也就是說，可以讓你的灌籃更具爆發力，並
且可以讓你『羞辱』對手」。

　　在這裡個人化是非常重要的，並且可以幫助運動員透
過自己的眼睛了解到訓練的好處，因為新的思維可以強化他
們想要訓練的意圖。我們讓運動員了解訓練的真正意涵，就
可以改變他們的思維。在本書後半部我們會更進一步探討重

新改造的藝術，但現在只有少數運動員（不包含專家型運動員）在乎訓練在學理上的細節，多數人只想知道如何在專項運動上表現得更好。

教練診療室：

由亞當・費特（Adam Feit MS, CSCS*D, RSCC）教練提供

　　在運動員的世界裡，「專家型」有新的意義，因為受傷率節節上升，而特殊的一對一教練課又快掏空父母的荷包，所以今日的教練必須在逆境中求生存。相較鼓勵運動員多參加不同種類的運動，越來越多人建議年輕選手要專注在訓練專項技術上。不論你到哪個訓練營觀摩，看到的都是用「未來可能成功」來說服年輕選手。運動員被灌輸專注在某項運動上越早越好，因此父母就需要不斷地投資各項所需，才能獲取選秀被青睞的機會。

　　但有沒有人想過這趟旅程會結束？

　　當散場燈一亮，每個人收拾好包包就回家了。

　　學生運動員每天忙碌地接受訓練和比賽，他的人生是否還能持續前進？更精確地說，教練能替他們準備好球場之外的人生嗎？

　　我非常幸運地在十多年教練生涯中，訓練了數千名運動員，從國家美式足球聯盟（NFL）的最有價值球員到中學的

替補球員，讓我有機會自我調整和了解不同類型的運動。我深刻地體會到，無論是何種層級，專家型運動員不只是參與比賽，而是將比賽當成他的生命。專家型運動員不單單將比賽視為一場比賽，也將比賽視為邁向成功、磨練技術和出類拔萃的機會。但是當他們的選手生涯接近尾聲而真正人生才要開始時，身為教練的我們就非常重要。

　　我發現區分個人與參賽者這兩個角色並不容易，因為個人特質和運動員特徵並沒有明顯的區隔。當專家型運動員向別人自我介紹時，會告訴對方自己就是球員，他的專項運動就是他最喜歡的嗜好，並且將練習與比賽視為第一要務。將這兩種身分混淆十分危險，而且很難抽離開來。如果這個狀況年復一年持續下去，我們就像在等定時炸彈炸開一樣，當「然後現在呢？」這個問題出現時，面對的可能是讓球季報銷的受傷、被交易到新球隊或只是告訴你要提早退休了。最終，專家型運動員一無所長，並且馬上就會陷入混亂的生活。

　　我曾是美國大學第一級別美式足球隊最年輕的肌力與體能總教練。在我二十四歲時，掌管了二十一種運動和超過四百位學生運動員，還包括橫跨校園內的兩間重訓室、不願意配合的奧林匹克專項運動教練們，以及一支超過二十年未贏過球的美式足球隊，這樣你應該知道我有多忙了。

很不幸地（但可預期），輸掉我擔任體能總教練的第一場比賽後，有一位重要球員受傷了。我們沒有那麼多時間來關心他，但他卻是球隊想要獲勝的重要球員之一。這位年輕的球員生長在教練世家，並且花同樣的時間研讀美式足球戰術圖集和《聖經》，是每支球隊都想要的球員。他在各方面都努力不懈，但在一個冰冷夜晚的防守練習時，他的身體受傷了，繼續完成第五個球季剩餘比賽的夢也碎了。

我在旁邊陪伴他，而運動傷害防護員急忙替他包紮，讓他安全與穩定，突然間感同身受的情緒湧上我的心頭。因為我在高中時也曾經受過類似的傷，因此非常理解他當下的心情。但除了「以我個人的經驗」、「一切都會沒事的，你一定沒問題的」這類話之外，我實在想不到任何正面或有信心的話。身為年輕的教練，我被不能在「我的」球員面前流露出情緒的想法所蒙蔽。

我盡所能地做，並且讓練習繼續順利進行。但為什麼我不多做一點呢？

當球季持續進行，我偶爾會在早餐時刻或到重訓室去看看他。我有選擇性地去看他。

我知道他陷入很多困境：繼續待在球隊的困境；繼續上學的困境；繼續存活在憂鬱、沮喪與恐懼深淵的困境。但我卻缺乏常理的判斷力和動機來陪伴他，因為我還有許多事要

忙。對這位年輕人來說，美式足球就是他的全部，若將美式足球從他的生命中抽出，就好像將名牌牛仔褲的標籤拿掉一樣，只會加深對他未來的汙辱。

如果事情能夠重來一次……

我會做得更多。我會從三個不同面向來分析狀況——整體局勢、幽微細節和運動員。現在再回頭看我的職涯發展，我知道我有所成長。我學到訓練應該是以選手為中心，而不是以教練為中心。我不再將運動比賽視為「全贏或全輸」，而是「就是場比賽」而已。我現在會花時間與我的選手在一起，並且用人的角度看待他們，而不是運動表現者。為了以防萬一，我還會用下列三個問題來確認我們彼此知道未來會遇到的事。

・你的身分是什麼？（你是誰？）

我們通常都會將自己歸類為球員、教練、父親、母親、丈夫或太太。但如果沒有球賽可打、沒有小孩需要養育或沒有伴侶需要我們的愛呢？我們的身分會改變嗎？（提示：不應該改變）身分是我們存在的基石。它是我們如何與他人產生連結，展現我們的生活熱情及為何而活的義務與機會。身分並不是稱謂。它無法尋求或拋棄、找到或遺失。它是當所有事物都消失時，所剩的最後內在自我。

- **你的價值觀是什麼？（對你來說什麼是重要的？）**

　　對於專家型運動員來說，精通某項運動技術幾乎是第一選擇。你可以很清楚地看到他們花時間專注在某項事物，也因此忽略了其他事物。但我們對於喜愛的事物總是找得到時間，特別是在某個時刻。無論是努力訓練成為更好的球員、加班到很晚只為完成一項專案，或在週日的午後悠閒地到處晃晃，在那個當下，沒有任何事情比正在進行的事更重要。當專家型運動員將所有時間都花在精進技術上時，他們就沒有時間在人生的其他領域成長，如此一來，最終將導致失序和困惑。讓專家型運動員了解除去運動還有許多事物值得探索，幫助他們更有效地與真實世界接軌。

- **你的目標是什麼？（什麼是你想要達成的？）**

　　對於專家型運動員來說，最終的目標就是達到更高層次的水準——站在最高的殿堂，然後享受成功的喜悅。然而，許多專家型運動員都不可思議的以目標為導向，不惜犧牲一切來達成他們想要的目標，我們時常在報紙上讀到、在電視新聞上看到，甚至自己曾指導過這樣的選手。但是，就像約翰・麥斯威爾（John Maxwell）在《領導團隊 17 法則》（*The 17 Indisputable Laws of Teamwork*）這本書中提到的，如果專家型運動員認為他們就是唯一，那麼將無法看到

事情的全貌。目標不應該只是 SMART（specific, measurable, attainable, realistic and timely, 特定性、可測量性、可到達性、實際性和時效性），而是 PIE（purposeful, impactful and enjoyable, 目標明確、極具影響力和真心享受）。長遠的目標不是只有最終的結果，還有通往終點的道路。

　　雖然許多教練不喜歡較深入的問題和開放式回應，但我鼓勵你們擁抱它們。現在就做，避免當你握著一位年輕運動員的手，他不斷地呻吟而你卻一句話都說不出口，那麼一切就太遲了。不要問你的選手可以為球隊做什麼，而是問當沒有球隊時他還可以做什麼。

　　如果你要與專家型運動員一起工作，下列幾件事是你可以做的：

　　找到他們在重訓室和球場外真正喜歡與享受的事。當你不只知道他們的名字、背號和家鄉時，教學會更自然。

　　幫助他們找到真正的自己，而不只是一位運動員。他們是否可以在訓練課程或重訓室幫你的忙？我們是否可以邀請他們共同參與決策過程，讓他們成為領導者？

　　運用所有機會讓他們不只是一位好隊友，也是一位好人，有些頂尖選手甚至才德兼備。將社群、責任和服務原則融入你的訓練哲學中，給予和幫助他人比獲取或接受來得更有福。

　　讓他們了解生命是需要花時間與空間來擁抱的。多花些時間與他們討論降低體脂率、減少四十碼衝刺的秒數和增加仰臥推舉槓片數之外的個人和職業目標。最重要的是,當他們「專長」結束時,花些時間引導他們進入真實的世界。

　　即使他們花了多年時間精進某項技能,但更重要的是,幫助他們了解人生除了手上的冠軍盃或脖子上的獎牌,還有許多有意義的事。

政治型

概述與優點

　　教練或多或少都遇過嘴上功夫很了得的選手。政治型運動員通常充滿魅力、幽默和健談,而且很了解自己想要的是什麼及如何得到它。政治型運動員會藉由發問來讓你相信他們真的想要完成某項事情,以讓你降低防衛心,但其實是想要偷懶(例如,少做幾下、幾組或不用盡全力訓練)。一般來說,政治型都充滿自信,但通常比較低調。大嘴型運動員(編按:後面會提到)總是希望獲得鎂光燈的焦點,然而政治型運動員只在對他們有利時才會這樣做。除此之外,政治型運動員喜歡潛在水底避免被人發現。

弱點

當人們選擇做某件事時，通常會考慮周遭環境，以避免不愉快。他們不喜歡在當下被不重要的事給困住，卻沒料到終究還是會被影響。這就是鴕鳥心態，因為沒想到從長遠來說問題有可能更糟。政治型最終還是要學會遵循和相信過程——做當下他們並不想做的事——如果他們想要學會領導必要的技能的話。

如何產生連結

政治型運動員非常在意自由性，希望能選擇他們想做的事。他們並不抗拒完成某件事，只是想用自己的方式、原則和時間來完成。與這類型運動員相處簡單又有效的方式，就是讓他們知道你也很了解他們在想什麼。當他們想要藉由聊天來拖延訓練時，讓他們知道在繼續訓練之前，可以輕鬆一下。當與具有活潑人格特質的政治型運動員相處時，在互動關係上可以幽默一點，讓他們知道你也有不同的一面，並提點他們不是只有他們是聰明人。對政治型而言，最沒有用的方法就是過度嚴肅或獨裁。在當下他們或許會順從你的專制，然而一旦有機會他們就會抵制與反擊。

與政治型運動員相處可以採用間接方式，並且盡可能讓他們有選擇權。舉例來說，如果在重訓室練習深蹲，讓他們

選擇你所提供的深蹲方法（前蹲舉、背蹲舉等等）。這樣可以一石二鳥：你讓他們自己選擇最適合的動作模式，讓他們有做主的感覺，再者你讓他們有發言權，他們就不會跟你抱怨這項訓練。當然，有些狀況是無法討價還價的，因為課表的特定適應性或訓練器材（彈力繩、鏈條、離心訓練和對比訓練等等）。在此情況下，可以在接下來的訓練中給他們一些選擇。另外，記得第一章提過通往目標的道路有許多條，只要選擇安全與有效的方式，一樣可以到達目的地。與政治型運動員相處很重要的一點是，你要學會放下堅持，選擇不同的路或許可以看到更美的風景。

教練診療室：

由戴夫・普羅卡（Dave Puloka, M.Ed., CSCS）教練提供

　　政治型運動員在國家美式足球聯盟中很常見，每一隊都有他們的蹤跡。他們喜歡展現聰明和受歡迎的樣子。他們通常也都是老球員，所以喜歡展現影響力。當他們與大家相處融洽時，可以維持團隊高度的凝聚力，因此這樣的人格特質相對無害。然而，當他們一直尋求認同時，會是團隊中的毒瘤。當一個團隊中這兩種情況同時發生時，後者會相當棘手——或是風險相當大，因為你不只要關心他，還有那些容易受影響的年輕隊友。在這個情況下，你對他的伎倆一定要

有所警覺，否則你非但無法讓他發揮最大的潛能，反而可能讓他害了整個團隊。你還必須正面解決他們的行為，使其他隊友不受影響。

關於政治型運動員你必須知道：他們不喜歡發生衝突，並且很在乎你的態度，所以如果你能夠坐下來與他們一對一聊天，你們的關係一定會所進展，也會感謝你沒有在其他隊友面前揭穿他們。

在我國家美式足球聯盟九年的經驗中，有一個球員特別符合這個類型。諷刺的是，他經常說他要去競選公職，若真有那一天，我一點也不意外。我跟他一起訓練多年，彼此非常熟識。他大學時採用高強度肌力訓練，所以他一開始不太適應我們的訓練系統與哲學（因為與高強度肌力訓練完全不同）。他非常自我，並且不喜歡在別人面前被指導，因為他深信自己就可以完成訓練。為什麼要修理那些沒有壞掉的東西呢？除非真的壞了，在那當下他就是無法體悟。

他有脊柱前凸和髖部與腳踝緊繃的現象。他非常善於發力，但抗力方面就有問題。灌籃相對簡單，但問題在於著地時。他認為我的增強式漸進訓練是在浪費時間，讓原本「乏味」的熱身更加無趣。在重訓室，他無法順利執行單腳的髖主導訓練動作，例如羅馬尼亞式單腳硬舉，與其想辦法克服，他選擇跳過這項訓練——或者，如果需要面對，他會嘲

諷這項訓練愚蠢又沒意義。這並不代表他不喜歡重訓室，事實上，他花更多時間在裡面做健美式訓練。約翰·伍登的名言，「不要誤把努力當為成就」，真是再貼切不過了。

對我而言，儘管他如同芒刺在背，但這類型運動員還是有他們可愛之處。他非常具有幽默感，並且除了美式足球外，還有很廣泛的涉獵。如果球員更衣室內有激烈的討論，十之八九都是他起頭的。宗教、政治、金錢、人際八卦──他對每件事都有自己的看法，而且還可以針對每個人給建議。我最大的挑戰就是如何說服他做出改變。我知道如果跟他生氣，他根本就不會聽我的話。我希望他能夠理解兩件事：第一，我們訓練哲學的意涵及對他的幫助；第二，他的行為，特別是缺乏服從與專心，會影響其他隊友。他職業生涯中的運動傷害主要是骨頭（斷裂），但是以他整體的訓練動作模式來說，肌肉扭傷只是時間早晚的問題。

不出所料，他遭受許多下背部疼痛的苦楚，在那年的下半季，膕繩肌也發生了問題。雖然他並沒有缺席任何一場比賽，但比起上個球季表現直線下滑，他感到非常挫折，特別是馬上就要進入合約年。

當他回報隔年三月休季的訓練課表時，我知道我的機會來了。與其在辦公室正經八百的談話，我邀請他到一家他喜歡的當地餐廳共進晚餐。我稍微改變了見面的地方，並且借

用餐廳氣氛推波助瀾。我開門見山告訴他，我認為他具有成為聯盟內最頂尖球員的條件，而且只要他願意，隨時可以成為這個團隊的領導者。而且不論他是否喜歡，有許多年輕球員（我們那年有許多年輕選手加入）會以他為馬首是瞻。而且言明如果我不在乎他，就不會花時間與精力和他碰面。我還問他一件事：「你和我的合約有什麼不同？」

他調侃地說：「我的合約多了幾個零和逗號。」

「你說的沒錯，但我的是百分之百可以拿到」，我回答他。「但你的卻不是喔。而且比起挑剔我的表現，你比較容易被批評喔。我比你有更大的犯錯空間。如果你的身體狀態不能維持住，你的飯碗就不保了，而且你會被貼上容易受傷的標籤。而若是同個月內有許多膕繩肌拉傷的案例出現，我的工作才會被質疑。或許這並不公平，但卻是事實。」

「你要表達的重點究竟是什麼？」他防衛性地問我。

「我的重點是，如果我讓你自生自滅，我的工作會輕鬆許多。你也許會受傷，也許不會。無論何種情況，我都可以領到薪水。但我不是這樣的人。我關心你，並且很在乎這支球隊。如果你表現優異，這支球隊也會有好成績，但反之亦然。」

「所以你想要我怎麼做？」他問。

「我希望你能夠放下身段，相信這個訓練過程，並且要

有耐心。」

　　他和我握手表示同意。我建議他，因為他比我多出許多零和逗號，所以他應該埋單，但他卻告訴我，他從來沒有在這家餐廳付過帳，因為老闆是我們球隊（邁阿密海豚隊）的忠實粉絲。這真令人難以置信。

　　我真心希望能讚美他是那年的「資優生」，但很可惜並不是。我仍然不時地需要提醒他專注在本務上。但儘管如此，他的舉重技巧有長足的進步，而且整個球季體能狀態都好得 沒話說。

　　他最終贏得一筆豐厚的合約。他的行動激起某些隊友的興趣，也因此產生了一連串的一對一談話，畢竟這是教練工作的核心價值所在。

　　這讓我想起麥克‧謝爾曼（Mike Sherman）說過的一段話，我非常榮幸能跟他一起工作兩年。「要求真理、說出真理、活在真理」他說，「如果沒有真理，就沒有信任。如果沒有信任，就沒有良好關係。如果沒有良好關係，那麼你所做的就一點價值也沒有。」

新手型

概述與優點

　　在某些時候，每位選手都可謂是新手型。這相當令人驚

訝，因為某些不堪負荷或過於躁進的運動員，在養成過程中未奠定好根基，所以你必須從基礎教起。不論是較晚踏入運動領域、沒有得到合適的教練指導、發育較晚，或只是沒有教練花時間來真正教育及指導他們，新手型運動員需要更多指導和耐心。

新手型運動員的優勢之一就是沒有過去的經驗包袱，無論生理或心理都有相當大的可塑性。開始訓練時，他們沒有根深柢固的想法，也由於未接受過相關的正式訓練，因此運動表現的成長幅度非常快。如果訓練得宜，新手型運動員會有軍人型、領袖型和十字軍型（後兩者很快就會介紹）的正面特質，表現令人刮目相看。

弱點

耐心是新手型最需要改進的地方。就像學生一開始都熱切地想要進步，甚至想要迎頭趕上厲害的同儕。就像一道佳餚，若沒有使用正確的溫度或時間烹煮，味道就會不對。如果訓練強度超出目前能力太多，新手型運動員的發展會受到無法彌補的傷害。對於新手型運動員，有耐心地培養通常是最有效率的方法。

如何產生連結

與新手型運動員最好的連結，就是回想自己在這個階段的模樣。當你剛開始成為運動員時感覺如何？當你第一次嘗試某項技巧失敗後的反應為何？如果時光能夠倒流，你會跟自己說什麼？這些問題讓你可以多了解新手型運動員的想法。你可以透過同理心來調整教學方式以符合他們的需求，同時也讓他們體會到緩慢與持續穩定的訓練，可以幫助他們到達最終的目標。他們心中應該深刻地烙印著滴水穿石的景象——雖然緩慢但可以穩定持續地達到最終目的。

教練診療室：

由佛瑞德・伊夫（Fred Eaves, M.Ed., CSCS, RSCC）教練提供

指導高中運動員最大的福分之一，就是能夠在他們人生中最重要的形塑期，幫他們全面地發展生理、心理和情緒。這樣的機會對我來說不只是榮耀，還讓我打從心裡感到享有相當大的特權。我所指導的高中生都很青澀，所以我喜歡用「文火」的方式來訓練他們。我們想要按部就班，但這樣的訓練哲學與他們每天生活中所接收到的訊息相牴觸。

這個階段最大的回饋，就是看到年輕運動員全心全意地投入訓練，不只是在運動場上，甚至在重要的人生道路上也發揮出最大的潛能。當我在 K-12 學校（將幼稚園、小學和

中學合併的簡稱）時，學生從五歲開始就進入我們的訓練系統，然後一步步地看著他們到青少年。能夠在他們這麼小的年紀就產生連結，真是一件非常特別的事，而這對於建立長遠的關係更是意義深遠。我目前訓練的學生，在我到戰地學院（Battle Ground Academy）報到時，都只是二年級的孩子呢。

　　我用來作為新手型運動員案例的，是個能全方位激發自己潛能的年輕人。潛能是一件非常個人的事，特別是在運動方面。一個人是否有進步是跟自己做比較，這是我們戰地學院在發展過程中非常重視的事。這位年輕選手在高中部即將畢業時，還無法進入第一級別的大學，但我相信他絕對可以成為第一級別的運動員。我們以人為第一優先考量，因為我們相信只要這件事對了，一切都會進入正軌。

　　我第一次碰到這位年輕選手，是我第一年到學校報到的時候，那時他已經八年級了。對一位中學生來說，第一次參觀高中各項設施會感到相當驚訝。我們學校的文化是非常正面與友善的，與他們中學的環境相較簡直天壤之別。當他第一天踏入學校時，就瞠目結舌地看著這個環境。我一發現就知道必須幫助他融入。當你仔細觀察運動員的肢體語言和臉部表情，然後巧妙運用適時回饋，將會有很大的收穫。

　　他是少數沒有參加春季中學運動的選手之一，他的父

母讓他比同齡孩子更早上課後班。在課程開始之前，我走到他身邊，跟他閒話這一天過得如何、他的運動背景以及運動之外的興趣。我與第一次參加訓練的年輕選手建立關係的方法之一，就是創造輕鬆愉快的氣氛。可以的話，我還會開開玩笑。我認為與高中選手相處不要過於嚴肅，畢竟他們還是孩子，參加運動是為了樂趣。要知道他們不是職業選手，我需要維持整個環境的氣氛和諧。我所做的每件事都是為了他們，與孩子相處時不要以自我為中心。

　　我與他們建立關係的另一個方法，就是與每位選手聊非關運動或訓練的事。當你的選手剛加入訓練時，這是非常有用的方法。你可以想想我們每天面對多少學生，就知道這是個艱鉅的任務，但這只是我們每天與他們互動的一部分而已。每天有意義的互動是建立關係的基石。我也使用這個方法，與其他運動員建立更好的關係。建立關係的過程是長期且脆弱的。運動員與教練雙方都要很努力地贏得對方信任，並且小心翼翼的呵護。我們讓運動員知道關係的建立與維持非常重要，也會向他們解釋這是一個互惠過程。更重要的是讓運動員明白，我對他們是以人為優先。我不希望讓運動員感到他們對我的價值只有在運動表現方面。

　　我也期望透過所有的動作和語言，來向他們傳遞我的親和力。為了緩和氣氛，我會自我解嘲一番，我相信讓運動

員看到你真實的一面非常重要。每位教練必須真正地了解他的運動員，才能激發出他們最大的潛能。我透過聊天讓這位年輕選手放鬆心情，我詢問他的個人狀況，且說了幾個我自己的笑話。你很難想像當一個權威人物說出自我貶抑的笑話時，對一位沒有自信與害羞的年輕人，可以產生多大的力量。

我們第一次聊天時，他說訓練場中的每件事對他來說都非常大。當一位年輕選手進到一個新環境，對他來說改變是非常巨大的，而且在初期可能會造成挫折與恐懼。用同理心對待你的選手也是另個建立關係的好方法。當我要訓練一群新選手時，總是會回想自己生命中的重大轉折。直到現在我還記得這些重大轉折給我的感覺，而這也讓我更加了解他們。我跟他說我第一天進入高中時的故事，對我來說，進入一個全然陌生的環境非常恐怖，而這也讓他知道我能夠體會他的感受。我要讓選手知道，當我們面臨不確定的狀態時，出現恐懼和憂慮是很正常的。重要的是，如何舒緩這樣的情緒，要教會年輕運動員這項技巧。

我看著這位年輕選手越來越適應，隨著技巧越來越純熟，自信心也越強大。他在訓練上付出相當大的努力，並且持續穩定地進步。這位選手在我們高中部四年的時間裡有相當大的轉變。他的敬業態度無話可說，而且還超越原本預期

的目標。他每天兢兢業業，努力做訓練，所以我們必須不斷地上修他的目標。我看著他從執行鉸鏈動作都有困難的八年級學生，到後來成為高中部技巧優異的選手之一。

在這趟旅程中，對他來說，最重要的就是耐心與鼓勵。訓練新手型運動員耐心是關鍵要素，當他們搞清楚狀況後會進步神速，但要讓他們到達那個層次並不簡單。訓練環境對他們來說非常陌生，教練最重要的，就是不要將這件事視為理所當然。堅定不移與持之以恆對雙方都好。我們希望有什麼樣的運動員，就要形塑他們往那個方向走。如果我們期望他們堅定如山，我們就要以身作則。逐步讓新手適應會給他們很大的進步空間。在初學者剛開始的時候，鼓勵他們經歷這些是很重要的。

新手型運動員會有高潮與低潮期，但我們在指導他們時必須始終如一，並且確認他們在態度、努力和參與度上也是一以貫之。身為教練，我最享受的就是過程，特別是分享他們的進步與成長。我提的那位運動員，他平時辛勤努力的訓練效果轉移到賽場上。對體能教練來說，能夠幫助不被專項運動教練視為可造之材的選手，成功地贏得許多上場機會，是一件非常有成就感的事。

在教學與指導過程中，一直會有這一切是否值得的聲音出現。工時長、低收入和低就業保障，是我們這行常見的現

象。要在這行真正的出人頭地，你必須有服務的熱忱，無私地奉獻。絕大多數時間你必須與運動員在一起，有時甚至比和家人相處的時間還多。很多時候，你辛勤的付出不見得都能看到成果，特別是訓練年輕選手時。這些年來也有選手在訓練過程中離開，我通常都會告訴自己「他們還沒有到達最後的目標啊」。我會難過失望，認為自己做得不夠好或是沒有找到正確的方法。當我越來越成熟後，明白不該有這樣的想法，因為這個過程是持續不斷地學習。一次又一次，看著訓練的運動員在當下沒有達到預期目標，但我們的教導，卻在之後引起他的共鳴，或對他的人生產生改變。訓練年輕運動員時，我總是用三個石匠的故事來提醒自己：有人問三個石匠，你們在做什麼？第一個石匠回答，他的工作非常辛苦，而且他很不開心。第二個石匠說，他為了家庭生計而工作，他很滿意自己的工作。第三位石匠，炯炯有神地回答：「你有看到嗎，我正在建構一座宏偉壯麗的教堂。」我訓練運動員時，非常認同第三位石匠的想法。我們或許無法看見最後的成果，但我們卻是參與這過程的一分子。

領袖型

概述與優點

在你遇到的類型中，領袖型最顯而易見，因為他們有著

百折不撓的意志、天生的領袖氣質和對成功與進步的渴望。領袖型運動員是創造真正高水準運動表現文化的無價之寶，他們有無與倫比的天賦：可以將其他隊友的潛能激發出來。領袖型運動員有著天生的影響力，而且透過自然散發出來的特質，例如責任感、信賴感、正義感、超凡魅力和首屈一指的敬業態度，因此感染了周遭的人想要跟他們一樣好。但有件事要特別注意：有些選手體內雖然有「領導基因」，但卻沒有成熟到或有自信地表現出來。發掘這些初露鋒芒的明星很重要，透過引導或激勵的話語（例如，讓他們知道你發現他們有這樣的特質，並且希望他們能夠負起領導的責任），能夠培養他們的自信，加快他們的成長。

弱點

領袖型看起來似乎沒有任何缺點，但事實上是不可能的。必要時領袖型運動員會將全部責任一肩扛下，他們為達最終目標可以犧牲一切。他們持續不懈地努力，為的就是要大家認為他們已盡最大努力來達到目標。雖然這是相當值得讚許的特質，但他們將自己置身險境；他們經常將別人的責任往自己身上攬，或將輸球的責任全部擔下來。他們或許不會將壓力寫在臉上（當然有些會流露出來），但因為渴望勝利，所以在比賽輸掉後，負面的自我對話會不斷地在內心出

現。他們會在腦海中不斷地重複播放比賽畫面,希望自己可以改變過去,並且分析下次應該怎麼做,才能避免重蹈覆轍(輸球)。

如何產生連結

只要根據你個人的人格特質和溝通技巧,領袖型運動員應該是最容易產生連結的類型。他們認為教練必須有願景、誠實、堅強的信念和全心全意幫助他人成功。無論你是剛到球隊、在團體擔任新職務,或準備培養一群新選手,及早發現團隊中的領袖型運動員,除了可以讓你工作更輕鬆外,你們還能建立良好的關係。與領袖型共事時,你可以藉由釋權而獲權,讓他們知道你很感謝他們的付出,並且支持他們,你希望他們能夠扮演團隊中的火車頭角色(這是他們本來就想做的)。這樣做,你可以激發他們的內在潛能,鼓勵他們說出對你的看法,如此可以強化你們之間的關係,並且獲得有力戰友來幫你建構訓練環境和團隊文化。

教練診療室:

由羅恩・麥基非瑞(Ron McKeefery, M.A., MSCCC, CSCS*D)教練提供

我喜歡訓練大學運動員的原因之一,是有機會幫助他

們從青澀的高中生進入大人的世界。我們根據多項指標來選秀，但我們最重視的是領導力。他們曾經在高中校隊擔任過隊長嗎？他們對同儕／隊友的影響是正面還是負面？他們能否鼓舞周邊的人？

但問題出在大部分（但不是全部）高中校隊隊長的遴選、影響力與鼓舞力，比較偏受歡迎程度而不是實質能力。在每年一、二月的週末選拔會上，不難看到大部分的運動員都號稱在高中擔任過隊長——領袖人物。他們通常都因為帶領球隊獲得勝利而充滿自信與勇氣，但在八個月後進入大學時，開始對自己的領導能力產生質疑，因為比賽的速度和強度都進入另一個更高層次。

我還沒遇過天生的領袖型運動員，卻有幸遇到許多經過後天努力而成為卓越的領袖型運動員。其中一位選手非常特殊，我把他拿來當案例分享。

他在大一新生時就擔任四分衛。他高中時期的成績相當出色，擔任隊長，並且帶領球隊獲得州冠軍。他的父母是跨種族婚姻，雙方都是傑出的知識分子。除此之外，他從小在教堂長大，是個非常虔誠的基督徒。

或許很多人會說他是天生的領袖型運動員。然而，從你是否為真正的天生領袖型來看——也就是你自己本身——他完全不是。在他的眼中，他只是一個瘦骨嶙峋的大一新生，

在四分衛板凳上的第三候補球員。他甚至懷疑自己是否有能力領導這支球隊。

身為教練，對於他大一時所展現出的能力與領導力感到相當失望。我們不禁懷疑他是否曾經達到我們幫他設定的標準。他知道別人對他的期望很高，而且他也具備領導能力，但他就是不知道為什麼。他從小就一直被灌輸做對的事、盡最大努力和虛心受教等。

儘管他含著金湯匙長大，但他還是有自己的課題要克服。從小到大，他必須面對身為混血兒的膚色問題；在大二時，他必須認知到要擔任四分衛——他整個球員生涯就只有打過這個位置——不是只有訓練體能而已。在此之前，這位年輕人從來沒想過自己是領導者。他總是因為四分衛這個位置或只是在先發陣容內，才體會到自己是領導者。

約翰‧麥斯威爾在《領導力的五個層次》（*5 Levels of Leadership*）這本書中，介紹領導的五個層次分別為：職位、他人應許、過去績效、樂於協助和你所彰顯的價值。在職位這個層次，人們追隨你是因為不得不，身為高中的四分衛，他已經很習慣這樣的狀況。他也獲得他人應許來領導（從教練到隊友），並且戰功顯赫（事實上他真的是天資聰穎）。然而當他上大學離開四分衛這個位置後，他失去了這些領導能力。我希望幫助他從第一層級（以他目前的位置）

進步到第五層級，也就是隊友對你的尊敬是因為你這個人。同時我還要訓練他的肌力與體能。

　　很多人都認為訓練領袖型是件容易的事。但事實上比想像中難。針對這位特殊球員，我做了下列四件事：

1. **獲得應許：** 在這本書中提到許多次，若想要對你的運動員產生影響，必須要先與他們建立良好關係。領袖型擅於內化知識與情報，他們有許多信念與價值觀，並且會用特定的方法來看待自己和周遭的世界。持續性且長遠的進步非常重要，我有一位好友總是說：「你必須要花時間在選手身上」（You spell love T-I-M-E.）。讓領袖型參與過程非常重要，在這些運動員心中，他們必須看到典範轉移，他們必須要以新的層次來看待自己。要獲得這位球員的應許，可以從給他激勵的話語和《聖經》的經文開始（因為知道他會接受）。這讓我們在訓練結束後有更多的話題，然後才可以敞開心扉談論他在球場上的位置轉換。

2. **定義「成功」：** 我們必須知道領袖型運動員認定的「成功」為何，然後再設定新的標準。在當時獲得大學獎學金對他來說就是成功。我們必須告訴他更高的層次，然後鼓勵他達成。剛開始的時候，我們會用各

項測驗數據來讓他知道如何成為先發球員，後來用 NFL 四分衛的綜合數據。我們告訴他在球場外也可以產生巨大的影響力。我們讓他知道自己並不只是學生而已，他可以用運動員的光環來改變這個世界，不只有在球場上。我們讓他藉由美式足球來對社區產生影響，也讓他知道如何成為職業球員。

3. **運用同儕壓力創造成功：**大學時期是許多人找到真實自我的時候。在這過程中的影響有好也有壞。同儕壓力非常巨大，身為教練的我們希望導引到好的方向。針對這位球員以及其他類似的球員，我們創造了一個領袖團體「The Commission」，每週聚會一次，並且一起閱讀《領導力 21 法則》（*21 Irrefutable Laws of Leadership*）。團體中的每位成員都要選擇一條法則，討論如何運用在自己和團隊上。提供這些領導特質的環境就是做對的事。換句話說，我們運用同儕壓力來創造成功。

4. **擁有責任感：**在超過一百位運動員的團隊訓練中，很難避免領袖型運動員會犯一些小過錯，而每個小瑕疵都會降低他們的潛能。如果你對領袖型有正面期待，他們會起身面對挑戰。你必須設定相當高的標準，讓

領袖型運動員對其他隊友也有相同的責任感。他和隊友們不免疑惑我手上是不是有他的把柄，不然為什麼我總是對他特別嚴厲。然而，在他球員生涯的尾聲，成就遠遠超過我當初所設定的目標。

這位特殊的球員，從懷疑自己是否是領導者的「前四分衛」到 NFL 選秀排名相當前面的新人，不只在 NFL 帶領他的球隊，同時也領導整個聯盟。

並不是每位球員都可以成為隊長或領導者。在一、二月的選秀週末，我告訴每位選手，肌力與體能訓練超越了運動的意涵，我希望他們能夠盡其所能地成為全方位領導者，不只是在運動場上，在人生的道路上亦然如此。這些十八歲的年輕人，有一天都會成為一家之主，他們在運動上的領悟對未來有莫大助益。

我實在想不出比重訓室、操場和美式足球場更適合的場域，來教導正面影響這世界所需的技巧。在這樣的環境下，運動員有機會學習到如何設定目標、達成方法、面對困境、鍥而不捨、掌握成功契機和團隊合作精神。

或許你從來無法預期誰會是隊上的領導者。以這個例子而言，連他們自己也不知道。然而，若是你鼓勵他們成為最好的自己，你將會得到想要的答案。

自我糟蹋型

概述與優點

　　無論你問哪一種運動的教練或選手，他們是否遇過無法通過心理考驗的天賦異稟的選手，你應該會聽到長達數小時（有時可能是數天）的故事。這些故事通常都重複一件事，就是運動員會因為焦慮、自我懷疑和想太多而影響身體與心理的表現。這類型運動員非常在意他們的場上表現，然而當勝負壓力過大和鎂光燈亮起時，就無法停止自我懷疑或即時處理錯誤。

　　自我糟蹋型運動員有一個有趣特徵，就是很容易讓別人注意到。例如他們的勤訓精練、態度敬業、注重過程和求知若渴。這類型運動員的其他特徵還有：擁有高超的技巧和天賦異稟的資質，但卻沒有認真地訓練、想太多或讓他們的私生活影響到練習準備。過度依賴天生資質，通常都無法克服因不良的生活型態、練習準備和決策行為所帶來的影響。換句話說，這類型運動員有些是台下一條龍，台上一條蟲；另外則是，擁有良好的資質卻沒有善加運用。

弱點

　　無論你遇到何種類型的自我糟蹋型運動員，他們都有一

個共通問題：因為過度分析而不知所措。在比賽過程中過度
思考，將會減緩爆發力和精準肌肉動作所需的神經衝動。這
會像骨牌效應一樣，一個接著影響一個。這類型運動員通常
都會放大檢視他們的動作，一旦他們的心態受到自我懷疑、
焦慮和挫折的影響，負面的心理複利效應就會不斷地增長，
最後導致無法繼續在賽場上奔馳。就像惡性循環一樣。許多
自我糟蹋型運動員對於持續不斷的挫折，會感到恐懼或生
氣，並且在尋求治療中苦苦掙扎，其他選手則會將情緒導向
其他出口。

如何產生連結

　　偉大的教練都會體認到唯有讓自我糟蹋型運動員持續
面對相同的困境，他們才能夠持續成長茁壯。他們知道在恐
懼天秤的另一端，並不是移除恐懼而是樂於學習。這樣的概
念讓心志教練的溝通技巧可以更臻成熟。對於教練來說，發
掘隊上自我糟蹋型運動員相當重要，因為透過觀察他們在訓
練時的各種狀況，找出他們做得很好的部分，讓他們的自信
心大增，同時補強弱點，然後運用降低焦慮的方法來穩定情
緒，例如透過視覺化練習。

　　拳擊手和他的場邊指導教練深刻體現這樣的訓練哲學。
拳擊手可以對著沙包或假人不斷地練習，但想要成為一位偉

大的拳擊手，最終還是要站上擂台，真實地感受對手揮過來
的每一拳。這也是學習如何避免下次再被相同拳路打到的
唯一方法。戰勝恐懼的唯一方法，就是面對恐懼與從經驗中
學習。不厭其煩地重複是自我糟蹋型運動員最需要的，他們
需要將自己沉浸在最害怕的狀況下。從教練的角度來看，這
種激烈方法，只有當運動員被正確的指引時才能產生正面效
果。你必須引導他們分析行動與錯誤造成的原因，看到自己
錯失的機會，避免同樣的錯誤再次發生。

教練診療室：

由布萊恩·曼（Bryan Mann PhD, CSCS*D, RSCC*D）博士提供

　　我曾經指導過許多自我糟蹋型運動員，坦白說，我還
滿喜歡訓練這類型運動員。唯一能夠阻撓他們的就是他們自
己。如果他們能夠走出不同的路，便能順利地通往成功之
門。通常這樣的潛在問題已經超出肌力與體能教練的範疇，
但他們能通過我們來解決。

　　訓練自我糟蹋型運動員的第一件事，就是走進他們的內
心世界。一旦深入地了解他們，便能夠理解某些行為的背後
原因。一位表現異常的選手，原來是酗酒與家暴的受害者，
他的父親是位完美主義者——沒有一件事在他眼中是夠好
的，任何不完美的東西都會激怒他。

　　任何時候，只要賽事一呈現緊張狀態，他就開始顫抖。他完全無法表現出應有的水準，因為他被父親失望的恐懼淹沒了。心理學家與心流狀態之父米哈里・奇克森特米海伊（Mihaly Csikszentmihalyi）表示，要感受到心流與達到最佳表現，你必須完全沉浸於當下的狀態中。這位球員在那當下無法沉浸，因為只要比賽開始緊張，他就會回想起小時候在家裡被父親家暴的場景。

　　我可以如何幫助他呢？首先就是讓他感到愛的溫暖。如果他某件事情做得不錯，我就會給他一個擁抱。如果做得不好，我也會給他一個擁抱。讓他感受到愛的溫暖與他在球場上的表現無關。在那之後，我們會練習一些心理技巧，例如放鬆與正念。這位選手有創傷後壓力症候群，並且需要治療。雖然他還在諮商輔導階段，但我們試著將諮商輔導整合到重訓計畫中。我們會做深呼吸練習，試著在練習過程中盡可能地感受，如此才能全然地進入當下狀態。當某人被創傷後壓力症候群引爆，通常與認知無關，而是心理反應。因為交感自律神經系統會參與，反應就是戰或逃。當這個系統參與時，自我糟蹋型運動員所做的任何決定都受到情緒影響，而不是意識和理性思考。了解這一點，就必須試著讓自我糟蹋型運動員在賽場上更專注與放鬆。並且為了要做到這一點，我們可以在重訓室內練習。

放鬆與正念練習是由他的心理諮商師負責，身為肌力與體能教練絕不能越界，我們不能為運動員解決真正的心理問題，而是尋求專業人員協助。然而，我們在重訓室做了許多視覺化的練習。在舉起任何大重量之前，我們會運用庫克的專心與視覺化模式。視覺化在重訓室中有幫助嗎？有。但它是全然重要嗎？不見得。視覺化是一項技巧，就像其他技巧一樣，想要更好你就必須持續地練習。我們在重訓室中一次又一次地練習，並且讓這項技巧好到可以運用在賽場上，特別是在緊張的狀態下。

現在他如何將這項技巧運用在他的專項運動上呢？針對經常失敗的狀況，他透過視覺化想像自己一次又一次地成功。他反覆地練習這項技巧，焦慮感逐漸消失，他或多或少了解到如何處理壓力。現在的他，在這些緊張狀況下（更慘的是還回想到孩提時期），已能從想太多到從容地面對並沉浸在當下，甚至渾然忘我，展現出他最好的一面。

我們同時也在專注力上多所琢磨，視覺化和庫克模式（Cook's model）幫了不少忙。我們專注在與他專項運動有關的事物上，例如他需要知道的暗號、打法的名稱或周遭發生了什麼事。有許多事情與比賽無關（例如粉絲、媒體、電視及主場優勢等），如果你專注在這些事物上，將會嚐到失敗的滋味。當然，或多或少還是會有一些焦慮產生，因為如果

你是在最高殿堂中比賽，那麼任何時候至少會有超過五千個以上的事物讓你分心。但如果你將他們摒除、專心在相關事物上，你將能展現更好的水準。

　　我讓這位選手觀賞《深夜加油站遇見蘇格拉底》這部電影，這可能是我做過最恰當的事，因為整部電影的寓意深遠。電影中主角問自己三個問題來融入當下：你現在位於何處？何時？要做什麼？合適的回答通常會是「此地」、「此時」和「當下」。在電影中，他向隊友解釋在比賽時，他女朋友想什麼並不重要、他父母親認為他成功或失敗也不重要，觀眾的鼓動更不用理會。最重要的，就是他此時、此地與當下，這也是他成功的法則。看完電影後，碰到分心神遊時，不是我問就是他問自己：「你現在位於何處？何時？要做什麼？」這樣一來，他就可以回到當下的情境中。

　　這樣的技巧需要依靠思考中斷法。這是很棒的方法，無論事情進展得如何，你一次只能想一件事情。一次想兩件事是不可能的。如果他想到負面的事，所要做的就是回到此時、此地和當下，其他想法自然會煙消雲散。

　　故事到這裡，我很希望能夠跟你說這位選手已成為職業球員，有非常輝煌的職業生涯，但事實並非如此。他已盡全力做到最好，更不用提還要對抗悲慘童年對他造成的影響。或許少數人跟我有相同的想法，但我認為我們的工作是用運

動來贏得孩子認同，而不是用孩子來贏得比賽。透過我們之間的互動和持續參與運動，這位選手學會如何用更有系統的方式來處理事務，並且較不容易產生恐懼與焦慮。

你可以從這個故事得到幾個啟發：自我糟蹋型運動員會一直被其他事情干擾，所以你必須讓他們專注於眼前的事物。並不是每個人都可以輕易地專注，因為這是項技巧需要透過練習才能熟悉。教練可以使用正面地自我談話、思考中斷法和視覺化等方法來指導他們。這三項工具對他們的成功有很大幫助。最後，有些選手還需要諮商輔導或藥物治療，或者雙管齊下。並不是每個這類型選手都曾遭受過創傷，但不少人有過。有句古諺說：「你今天所遇到的每個人，都承受著不可置信的痛苦，所以宅心仁厚些吧！」他們也許需要幫助，所以對他們大吼一點助益也沒有。

大嘴型

概述與優點

大嘴型運動員非常容易分心，而且無論是指導整支球隊或私人課程，幾乎每個肌力與體能教練都曾遇到過。他們在某種程度上有想引起別人注意的企圖，是最容易被發現的原型。每個人的情況不同，但他們高談闊論的範圍可以從正面與負面的隱喻到廢話連篇。

　　儘管他們有行為魯莽的傾向，大嘴型運動員可以透過活絡更衣室、重訓室、練習場或賽前練習的氣氛，讓特定環境或情況變得更好。有些大嘴型運動員精通演說，因為他們知道別人想聽什麼和如何表達，這樣可以激起群眾最大的參與感。在這個情況下，大嘴型運動員與政治人物非常類似。

弱點

　　大嘴型運動員很難專心，無論他們說了多少，但狗嘴裡吐不出象牙，他們總是喜歡展現出沒有任何事可以難得倒他們的樣子。一開始會讓人以為是自戀傾向，但事實上，這通常是不確定感和不安全感的偽裝，並且會不斷重複地犯錯。儘管體育界有許多成功的貧嘴傳奇人物，例如穆罕默德·阿里（Muhammad Ali）、弗洛伊德·梅威瑟（Floyd Mayweather）和特雷爾·歐文斯（Terrell Owens），但對大多數的運動員來說，垃圾話的感知價值並不被科學界所支持，因為花在垃圾話上的時間與精力會分散注意力，即使是一個簡單的動作。

如何產生連結

　　用他們的角度來看待事情。即使你是內向的保守派或非常傳統的教練，內心有著類似經典老爺車電影中主角的特

質（克林‧伊斯威特〔Clint Eastwood〕主演），但必須體認
到別人不見得跟你一樣。為了要成功地領導一群人，激發出
某人的最佳表現，你必須先跳脫自己。這對某些傳統式教練
來說或許很難理解，但是與看起來很討厭的大嘴型產生連結
的方法，就是進入他們的思維邏輯裡。但事實上，隨著無數
社群媒體的出現，電視上充斥著以娛樂為主的體育節目，這
個世界似乎沒有停止說話的意思，結果造成現在這個世代認
為不斷地自我表達是件正常的事。特別是在美國，與眾不同
和引人注目的行為是被讚許的，即使是負面行為。今天全世
界的運動員，隨時隨地都可以透過社群媒體、通訊軟體和無
數的線上謠言指揮部，掌握他們的典範或偶像最新的想法、
是否受傷或個人緋聞等。也因此他們開始相信自己也要來
創造一股潮流，畢竟垃圾話都曾出現在聖經時代（Biblical
times）上。《撒母耳記上 17:46》記載當大衛擊敗歌利亞時，
垃圾話似乎有效，但誠如作家麥爾坎‧葛拉威爾（Malcolm
Gladwell）所言，必須有許多因素配合，大衛的垃圾話很難
是擊敗歌利亞的關鍵因素。

　　即使如此，我們身為教練想要影響他們，就必須在某些
地方妥協和了解他們的處境。妥協是與他們保持連結的關鍵
因素，因此你必須要讓他們做自己，並找到適可而止的平衡
點。最後，必須要持續提醒他們：不要被主流媒體的譁眾取

寵假象或謬誤給騙了。身為教練，我們都知道這類型的知名
選手都是特殊個案，並不是因為這樣的類型而讓他們成名。
絕大多數的大嘴型運動員都名不見經傳，因為無法登上最高
殿堂，所以忙著講話。

教練診療室：

由凱爾・赫蘭（Kyle Holland, CSCS）教練提供

　　如果你是新手教練，那麼光是讓你站在一群人面前，然
後帶領他們完成訓練課表，應該就會讓你緊張半天了。這樣
的焦慮如同要在大眾面前演說一般，訓練一群職業選手的焦
慮感更大，如果又有大嘴型運動員，那更是火上加油。你的
處理方式會大大影響全隊的訓練進度，而你處理這種情況的
能力，也將決定你是否能更上層樓。無論你是否喜歡，想在
職業球隊擔任教練，一定要懂得處理這樣的情況。

　　我曾在私人訓練中心任教，每年都會有許多職業球員在
休季時回來找我們訓練。

　　我所指導的球員大部分是國家冰球聯盟（NHL）的成
員，如果你完全不懂曲棍球，就很難理解他們在球季時的身
心煎熬。這項運動孕育與吸引許多鐵錚錚的硬漢，但不論是
平時練習、客場征戰或在更衣室內，周遭都是男生，所以會
產生許多老頑童般的幽默，經常令我啼笑皆非。這個團體的

大嘴型運動員非常知道要說什麼、何時說和對象是誰——每個人都非常聰明伶俐。他們花了許多時間磨練技巧，就像他們冰鞋上的鋒刃。有位選手讓我印象非常深刻，特別適合用來當例子，而且我非常有幸能遇到他。由於上司的支持，讓我有機會訓練到他，並且容許我犯了許多錯誤，因此能夠持續地在每年的休季與他建立良好的關係。這些都是無價的經驗，我永遠感謝他。無論你遇到何種狀況或類型，希望你也能夠從他們身上學到許多寶貴經驗。

　　在你訓練大嘴型運動員之前，請記得一個預設原則：「你會聽到……他們會造成許多困擾。」這雖是老生常談但卻很貼切。無論他們在隊友間屬於心直口快的人，或是社群媒體上的短言精句高手，不要對他們先入為主，或質疑他們為什麼這樣做，因為可能有相當多的理由。他們這麼多話也許是因為這樣可以激勵自己，並且嘗試提升自我形象，或是他們喜歡看到自己的名字出現在報章雜誌上，並且相信每家報刊都心存善念。又或許這是他們刻意展現的外在形象，他們的一舉一動都精心策畫過，因為這樣可以建立自己的品牌來獲利（這比你所想的還多）。無論他們的動機為何，大嘴型運動員希望人們能注意到他。這是天性，不要太大驚小怪或感到失望。你還是要面對，做得好可能還會得到更好的工作，抑或成為大家眼中大嘴型運動員的祕密武器。

　　我實在不應該說這些的，但我還是要說：「在任何訓練課程開始之前，你**必須**先打理好自己、展現出專業風範和做好萬全準備。」你的體能狀況不一定要比運動員好，但至少要維持一定的水準。不論你想用怎樣的表達方式，例如「如果想要什麼樣的工作，就要做出什麼樣的水準」或「展現出舉止合宜的態度」，這當中都有相當程度的意涵。當你更專業地呈現自己時，會更嚴格地看待這一切。不相信嗎？可以試試看。試著穿上有領的上衣幾天，你將會發現不同之處。教課時提早到並將一切準備就緒。多早到呢？比最早到的選手還早，不論他是先來做伸展運動或在訓練前執行自己的課表。不能讓任何選手看到你在準備各項訓練事宜，這在他們踏進門之前就該完成。看起來雜亂無章對教練不是件好事，訓練大嘴型運動員要更加小心。即使在訓練開始之前，你也不能讓他們找到任何攻擊你的機會。踏出正確的第一步，將可降低偏離軌道的風險。

　　與做好萬全準備同樣重要的是做你自己。你必須呈現出最真實的自己。不要裝模作樣或模仿他人。我目前是戰術體能專家，而且我訓練軍人。單位裡的指揮官是一位非常優秀的領導者，有一天我問他，對於如何影響他人這件事能否給我一些建議。他告訴我，只要專注做自己即可──完全的自己。他非常強調做自己。這是個極優的建議。當你表現出和

原來的模樣不同時，人們是會感覺到的，因為這非常奇怪。一般來說，超級敏感的大嘴型運動員通常都會發現，其他隊友也會感覺到，因此你將會成為他們的取笑對象。傷害一旦造成就很難恢復，而且你也很難讓別人認真看待你。

　　如果大嘴型運動員在訓練過程中喋喋不休，這時身為教練的你就該挺身而出，不要讓他們影響訓練。你可以借助其他運動員，用團體力量來改變。他們的支持可以幫助你讓大嘴型運動員收斂一點。如果他們帶來的是正面能量，就順勢而為吧。但你不能就這樣走開，然後不管其他運動員。

　　你可以運用大嘴型運動員的優點，但不要過於投入而忘了自己是誰，更慘的是，忘記誰擁有主導權。若太常對他們讓步，就很難拒絕他們的再次要求。

　　大嘴型運動員也有情緒低落的時候。先不動聲色地維持你原本的步調。組間休息時，可以到他旁邊輕聲地問：「今天還好嗎？我發現你有一點心不在焉。如果有我可以幫忙的地方，請讓我知道喔。」與大嘴型運動員產生個人連結非常重要。當他們知道你非常在乎他們，就不會故意扯你後腿，有助你們建立穩定融洽的關係。

　　就像其他運動員一樣，當你越深入了解大嘴型運動員，你就會更知道是什麼原因造成他們這樣。當面對團體或球隊時，你的訓練哲學要保持一致性與全方位，但當面對需要特

別關心的選手時，就要與他們產生個人化的連結。如果大嘴型運動員走到你身邊，然後跟你說想要更改訓練課表，這時請先抱持開放的態度，聽聽看他們怎麼說。不像政治型運動員，我從來沒遇過不想訓練的大嘴型運動員。相對的，他們通常也是全隊屬一屬二的認真球員，如果他們的建議合情合理，你也有足夠的權力改變訓練課表——並且不像是給他們特別待遇——那嘗試一下又何妨呢？這還會強化你與他們的關係。如果你實在不能採納他們的建議，要特別注意他們因為高度自負，所以不喜歡被拒絕或聽到不能做某件事。你可以委婉地告訴他們理由，給他們替代方案；你必須要與他們維持良好的關係，並且適時地展現你的專業知識。如果處置得宜的話，向他們說不，可以建立起他們對你的信任，因為這表示你在乎他們，並且以他們的利益為優先考量。

　　大嘴型運動員有時也會測試你。運動員花了許多時間與教練相處，特別是休季，因此他們跟你相處會很自然。

　　我曾經在一次體能訓練時對一位大嘴型運動員犯下嚴重的錯誤。我們已經合作過兩個休季，彼此有一些認識，但算不上莫逆之交。他對我提出相關評論，但我認為踩到我的底線了，而且發生在所有球員面前，因此我必須有所回應。事後回想起來，我實在不應該有這麼大的反應。然而當天我的理智線斷了，我們針鋒相對地吵起來，然後一切都完了。我

們誰也沒有跟誰道歉。隔天，我們一如往常地出現，並且按照課表執行訓練。你不要和我一樣與選手發生唇槍舌戰，你必須審時度勢，然後做出正確的決定。但有時候，還是要勇敢地站起來。

最後，訓練大嘴型運動員時不要搶了他們的鎂光燈（如果他們是明星球員）。有太多教練想和選手齊名，他們忘了真正的自己。如果你專注在本務工作上，名利自然會隨之而來。當你想要占人便宜時，對方是會感受到的，而且如果你想要沾運動員的光，你就會失去所有人的信任。最重要的是，你將會對不起一路上支持與幫助你的人，而且他們會很快地攻擊你。

如果保持正確的心態，訓練大嘴型運動員是非常有成就感與樂趣的。獲得他們的信任需要花時間，因此要有耐心。我們不斷地對運動員說一致性的重要，我們自己也要緊守這個原則。持續地展現正確的態度，並且創造一個讓運動員可以勤訓精練的環境，結果自然會呈現。

金鋼狼型

概述與優點

對大多數人來說，從名稱上就可以知道這個原型的意涵。並不是因為它比其他類型描述得更多，而是一紅數十年

的超級英雄團體《X戰警》所帶來的視覺印象。如果從小到大都會在星期六早上觀看卡通，或是後來到電影院看根據史丹·李（Stan Lee）漫威漫畫改編的電影，應該對這個類型相當了解。金鋼狼是一個科幻角色，因為易怒、內向、多疑和異常的傾向（這些是因為以前的創傷經驗所造成），讓他成為這個樣子：有著複雜的人格特質，容易將自己隱藏或躲藏起來。因為活在痛苦、憤怒、悲傷中，這個類型可以說是最難領導的一類，因此你必須付出最大的耐心。諷刺的是，這個類型內在的力量，同時成為他們的優點。艱困的成長歷程、對人的不信任感、激烈的態度和避免與人互動等因素，使得他們不需要支持者就能勇往直前。他們的獨立自主性通常來自內心的恐懼和被迫提早當家，這是因為他們在孩提時都面臨艱辛的環境。這也是他們與聒噪的大嘴型和內心分裂的操控型（很快就會談到）不同之處，但如果情緒上來時，就不得而知了。

弱點

　　金鋼狼型會被恐懼、憤怒與不信任感控制，就好像自我糟蹋型會陷入過度思考或自我懷疑，金鋼狼型會在情緒高張或遇到困難時找不到出口。我們常看到這樣極端的例子。

　　前世界級重量拳王麥克·泰森（Mike Tyson）就因為行

為乖張而惡名遠播，並且在人生許多階段顯示出金鋼狼的特質。在傳奇教練庫斯・達馬托（Cus D'Amato）的指導下，展開耀眼的拳擊生涯。庫斯幫麥克找到出口，除了將他帶回家中建立規律的訓練週期，讓他生活更加穩定外，還設計合理的目標來增強他的自尊心。很不幸的，當庫斯逝世和負面事件發生時，麥克的生活變得一塌糊塗，職業生涯後期更是一落千丈。

　　如果金鋼狼沒有乖乖地待在他的巢穴裡（這很常出現，因為教練一般都不知道如何與他們互動），很可能會危及運動生涯。這並不是說金鋼狼型運動員沒有專業的指導就不會成功，但如果有人幫他們掌控情緒，他們的運動表現會更上一層樓。

如何產生連結

　　我會偏祖金鋼狼型運動員，因為他們是我喜歡且回饋最多的原型之一。儘管一開始互動很困難，但直到今天，跟我比較親近的運動員就是以前帶過的金鋼狼型。這樣的關係需要花很長時間來建立，而且雙方都需要投入相當大的心力。在你了解某個人的經歷和他的人生想望之前，不算完全認識他。信任與了解是教練和運動員之間最豐富的營養素，這兩項也是與金鋼狼型相處時最重要的元素。

許多教練誤以為這類型運動員的強大意志會威脅他們的領導威信。他們認為金鋼狼型就是天生好鬥，因此採用正面衝突的方式來對待他們，並且想辦法讓他們屈服。然而這樣的方式並不會讓事情變得更好，反而更容易造成雙方的緊張對立。換句話說，金鋼狼型並不會臣服於教練的鋼鐵般意志。與他們產生連結的最好方法，就是耐心的觀察、真心誠意、同理心、直接且委婉的溝通技巧，例如模仿（語言與非語言）、謹慎地用字遣詞、避免含沙射影的貶抑等等。你絕對不能因為他們的頑強意志而打退堂鼓。相反地，應該往前多想三步，思考整盤局勢。金鋼狼型並不習慣別人這麼在乎他們，替他們想這麼遠。因此請不時提醒自己，與他們建立關係需要時間與互信、用你的專業與他們建立關係，以及成為一盞提供正向安定、指引他們人生方向的明燈。

金鋼狼型的人格特質沒有一定的標準，因此不要期待一般領導書籍的建議。要與他們真心地交往，即使他們有時會反擊，但最終還是會尊重你。

如果你發現自己也有金鋼狼型的人格特質，且與他們發生衝突時，應該避免「以牙還牙」，練習自我控制，或以正念思考，讓自己回到當下最重要的事上。有些火花沒有關係，但別忘了點燃一根火柴與燒掉一座橋截然不同。

教練診療室：

由丹尼斯‧洛根（Denis Logan, MS CSCS, USAW）教練提供

　　break 這個單字有下列意思：

- 將某件東西分解成細部零件，但通常都是無預期且用暴力的方法。
- 導致骨頭裂成兩部分或更多。
- **突然失控，特別是因為內在的壓力。**

　　那馴服馬匹（break a horse）是什麼意思？這是訓練馬匹來接受騎士的另一種說法。但這聽起來有點像是動物被屈打就範的感覺！但事實並非如此。「馴服」（break）的過程是根據每個動物的需求與能力而定，最重要是獲得動物的信賴。這中間投入的時間可以從幾個月到幾年之久，而且必須小心翼翼；如果馬匹在過程中受到驚嚇，那麼恐懼將跟著牠一輩子。

　　如果要將我歸類，我屬意金鋼狼型。（題外話，剛好我與《X 戰警》主角的名字相同，都叫洛根。）也因為如此，我會持續尋找其他的金鋼狼，當我設計訓練課表時，也在腦海中思考：「假如我是金鋼狼型，會希望教練怎樣指導我呢？」

　　巴克‧布萊納門（Buck Brannaman）是位家喻戶曉的馬語者，他曾說：「紀律與懲罰是兩碼子事。」它們常被誤以為是同件事，但事實上並不是。紀律是讓人做有意義的事，但懲罰卻是讓人做沒有意義的事。

　　「馴服」馬匹常被用來形容讓馬匹服從的狀態。但巴克卻使用「開始著手」這個詞彙來取代。馬匹的一舉一動都應該來自信任，「非常溫和而堅定的告訴牠你要做的事」。

　　當與金鋼狼型相處時，我發現真誠與耐心是增加信任的兩大要素。無論我何時遇到這類型的運動員，我都會告訴自己，若要與他們產生連結，時間最重要，也不斷地提醒自己要有耐心。

　　雖然我很喜歡「一般的教練透過理性思維來指導，世界級的教練透過情感來指導」這句話，但事實證明，訓練金鋼狼型時，理性思維是最好的第一步。金鋼狼型非常容易感情用事，因此剛開始時與理性腦產生連結較合情合理。我與他們的理性腦產生連結，提供他們所需的安全感與距離感，他們也不斷地測試我，以自己的標準來判斷我是否值得信任。他們是典型的嚴肅務實派，他們的內向特質會阻止他們說不切實際的話。如果我能夠證明我有能力幫助他們達到目標，就是獲得他們信任的開始。

　　許多這類型的運動員都曾在我們第一次談話後幾週對我

說，「你說得很正確」或「你沒有騙我」，又或是「你說的都應驗了」。如果你並不知道某些事，最好先承認。雖然這麼做並不能讓所有類型的運動員滿意（包括金鋼狼型），他們需要你的專業知識，但更需要的是信任——只是不確定是否該信任你。

很自然地，教練都會將他們的不安全感和 A 型人格特質加諸於運動員身上，藉由職位上的權力來得到想要的結果。在訓練開始之前就心存讓人屈服的念頭，會很難與金鋼狼型產生連結，因為他們內心早已對假借職位權力的人產生不信任感。金鋼狼型希望被領導，而不是被壓迫；他們希望訓練，而不是懲罰。清楚地說明內在動機與解釋如何幫他們達成目標非常重要。金鋼狼型通常都不喜歡「繁文縟節」的事。

當你透過理性思維與金鋼狼型建立信任後，就可以運用紀律而非懲罰來要求他們。當他們想要做自己的時候經常被懲罰，所以一旦發現你給的訓練像是懲罰時，就很容易向你挑戰。我最近訓練的一位選手就不斷地提醒我這點。他說，「我無法完成懲罰式的訓練」。每項訓練都必須要有其意涵，如果這項訓練對他們來說是有意義的，他們就會全力以赴。他們不希望被懲罰，但他們渴望成功。

我始終相信同理心比同情心重要。如果你有不錯的切入點，那就派上用場吧。如果沒有，千萬不要假裝。最好還是

用真誠與耐心，並且讓時間與過程自然地創造出信任。

無拘無束型

概述與優點

　　教練也有常見的弱點，如果問哪一個原型可以給他們一些啟發，應該是無拘無束型。教練們生活在充滿壓力的環境下，每天要早起，工時又長，還要面對高強度的身心挑戰。如果你沒有特別注意，A 型人格特質和工作缺乏穩定感，會讓你的生活一塌糊塗。當我們遇到挫折時，通常都會用虛張聲勢來武裝自己，或者藉由忙碌的工作來刪除挫折記憶體。雖然追求榮譽會促使人們進步，但有時卻適得其反。很多時候，無拘無束型與我們產生對立。無論年紀多大，他們對人生與運動的處世哲學，都會散發出青春氣息與孩子般的驚奇。他們所做的每件事都像在玩耍。奇怪的是，這也是很多教練在職涯剛開始階段的感覺。但不同的是，無拘無束型不會迷失自己。仔細觀察無拘無束型，與其說他們獨樹一格，不如說是身體裡流著如音樂般快樂的血液。他們通常充滿活力與笑容，提醒我們至死都要保持一顆年輕的心，並且享受每個當下。

弱點

　　有時候天賦是祝福也是詛咒，因為無拘無束型運動員天性浪漫，充滿朝氣，因此有時候會忘東忘西，心不在焉。你有時會對無拘無束型的不專注與沒耐心感到無力，特別是年輕的運動員（想想二十出頭的年輕人）。請有耐心，但不要產生消極想法。如果意識到自己過於冷漠，請提醒自己並試著當場調整。

如何產生連結

　　有些人以為無拘無束型運動員較不認真看待事情，或沒有足夠動機來完成高度目標。這犯了妄下定論的謬誤。實際上，無拘無束型充滿了高度企圖心，只是他們需要用不一樣的方法來點燃。在《體育與運動社會心理學》（*Social Psychology in Sport & Exercise*）這本書中，安妮－瑪麗·諾爾斯（Anne-Marie Knowles）、維斯尼·夏穆根（Vaitheny Shanmugam）和羅斯·洛里默（Ross Lorimer）探討同儕取向動機趨勢理論（the theory of peer-oriented motivational climates）。更具體一點說，他們探討兩種不同的目標取向：一種是著重於工作取向，另一種則是自我取向。作者們強調工作取向是藉由競爭知覺來顯現，並且藉由個人發展和透過最大努力完成手上工作來評估。相對的，自我取向則是專注

在透過優越感和花最少努力就可以得到最大成果，而將別人比下去（Nicholls 1989; Vazou, Ntoumanis, and Duda 2005）。更清楚的解釋則是：工作取向的人，當他們改善技巧、學到新知或熟練技藝時會更有成就感；但自我取向者的成就感，則來自他們比別人更優越時（van de Pol, Kavussanu, and Ring, 2012）。透過這些解釋就可以清楚地了解，為什麼無拘無束型的競爭性這麼容易被誤解了。他們通常都不會為了要滿足自己的虛榮心爭奪主導地位。他們當然也希望成為特定運動、比賽或活動的最佳表現者，但促使他們這樣做的動機並不是因為不安全感或自戀，而是運動表現進步所帶來的滿足感。許多社會與行為心理的研究證實，工作取向的人比較容易產生正面結果，例如提升享受感、滿足感、精益求精、循守道德規範和減少焦慮感（Bortoli, Bertollo, and Robazza 2009; Kavussanu and Roberts 2001; Roberts and Ommundsen 1996; Smith, Smoll, and Cummings 2007）。將訓練、比賽和教學遊戲化，是與無拘無束型產生連結的好方法。但要小心不要掉入綜藝化的陷阱。用一些簡單的方法變化訓練形式也可以創造不同的思維，讓他們知道如何將訓練與想要精通的技巧產生連結，或者是在課表中設計解決特殊體能需求的方法。全世界的應用程式開發商，會藉由改變消費者認為最簡單的事來轉型遊戲市場，這點也適用於我們這一行。即使如

此，也要花費數年的時間。所以有時候，特別是在休季，試著將訓練與無拘無束型喜歡的日常事物產生連結，例如他們的嗜好（舉例來說，一位美式足球員喜歡衝浪，因此可以將訓練結合衝浪）。

　　避免使用強硬的態度來壓制他們。可以直截了當的與他們互動，但不要獨裁。展現你也有隨和或人性化的一面，可與他們產生更好的關係。比起本書中所介紹的其他原型，無拘無束型應該最喜歡看到你放鬆的一面（但就像我在這個原型一開始說的，對許多 A 型人格的教練來說，這可是一大挑戰呢）。

教練診療室：

由馬特・吉福德（Matt Gifford, CSCS, USAW）教練提供

　　在美國舊金山和紐約市之間的某個角落，「魔術師」亞當・曼尼亞（Adam Mania）是位自由業者，不時出沒在泳池邊，將快樂帶給周遭的人。即使三十三歲了，亞當依然調皮，而且徹底貫徹「年齡只不過是數字而已」這句話。亞當的穿著相當有藝術感，從運動員到特立獨行者再到文青，顯現不同風格。他在泳界令人難以忘懷的是風馳電掣的仰式、下背部到股溝間的阿茲特克太陽圖騰刺青和無憂無慮的精神。如果這樣還不清楚，讓我們來看一下亞當的「領英簡

介」（Linkedin Summary）：「你可以說我的職涯就好像是盲
人在射飛標，但總是能在最後一鏢射出關鍵一擊！我從事
廣告創意設計，是前奧運游泳選手，喜歡的事物有手風琴、
莫斯科騾子雞尾酒（moscow mules）、湯姆·羅賓斯（Tom
Robbins）、卡巴（kebabs，土耳其旋轉烤肉串）和萬聖節盛
裝打扮。」

　　我非常開心能夠與亞當一起訓練長達七年之久。我自
認非常了解他。有時我還會跟他學習所有無傷大雅的怪僻。
我開始進入他各行各業的朋友圈、聽著他的樂團「Hot By
Ziggy」和頂住他「惡名昭彰」的熊抱。我可以非常驕傲地
說我是密爾瓦基地區最好的夥伴。

　　我們一起訓練的日子，我把自己定位為他的領航者而非
老大。喬瑟夫·坎伯（Joseph Campbell）有句名言：「人一
生的特權就在於做自己。」如果你允許無拘無束型運動員可
以豁達晴空，同時又擁有訓練的自主權，那麼與他們的連結
就開始了，並且也讓他們產生認同。亞當讓我知道如何指導
無拘無束型，在這趟旅程中他釋放了我的心靈。

　　無拘無束型最大特點就是能夠啟發周遭的人。因為他們
有著無與倫比的熱情、魅力和真誠，無拘無束型通常都充滿
活力但又帶點神祕的力量或光環。不論是他的油亮髮型或高
深莫測的想法和言論，教練很難錯認這類型的運動員。與他

們建立關係，最重要的就是展現你的熱情和邏輯清晰的說服力。很多時候，他們在讚賞自己的同時也在讚賞你。

　　無拘無束型渴望正向能量、創造力和創新思維。他們真心期盼開誠布公的領導者可以彌補他們偶爾的缺失。充滿個人魅力的領導方法，運用得宜便能創造出相當好的效果。無拘無束與熱忱是領導統御時最好的隊友，因為可以讓人感到放鬆、有趣和享受訓練過程。對他們來說，輕鬆與開放的環境最適合他們，而我也發現訓練最好有讓彼此喘息的空間，輕鬆自在的聊天是必要的。

　　這類型運動員希望更了解事情的全貌，因此我做每件事都會說明原因。他們渴望獨立自主，當你對他們有足夠的信任且情況允許的話，可以適度地放手，讓他們用自己的方式或多一點時間來琢磨他們的技巧。當他們夠成熟並且有一定的訓練經驗時，可以讓他們參與決定訓練組數與次數，這有助於他們掌握自己的訓練過程。

　　無拘無束型運動員喜歡當白老鼠，並且享受訓練的多樣性，因此，他們偏愛短週期的訓練。創造出充滿想像空間的訓練，可以幫助他進一步地探索。這類型運動員喜歡聽口語指導、比喻和故事。告訴他們「跳遠就像是從懸崖的一邊跳到另一邊」，或是鼓勵他們與自己「內心的老虎」對話。

　　如果你正確地教育他們，你所分享的正向結果與關係，

也將會以正面的方式呈現。若是太過於激進，他們將會崩潰。他們的感情非常豐富，有時高張，有時卻很低落，因此要準備應變計畫來面對情緒低潮。面臨危機時，他們通常會想太多，教練要溫和有禮地處理。許多無拘無束型運動員對於長遠、甚至每天的訓練很難堅持，所以要幫他們設定目標。

心志教練不是非黑即白，無拘無束型運動員可以是教練的美夢，當然也可能是噩夢一場。與這麼多采多姿的選手相處，有些事情要保持彈性。這種「就這樣」與奇特的人格特質，充滿情緒變化，因此中庸之道特別適合他們。設計有意義的邏輯架構、讓他們知道為什麼、選擇合適的戰場，並且不要忘了與他們相處時最重要的樂趣。無論你做什麼，都不要過度指導。

操控型

概述與優點

覺察與認出這個類型的特徵，可以避免你頭痛和產生混亂狀態。操控型會暗藏玄機，但他們會藉由讓你產生自負或不安全感來偽裝。他們知道，如果讓你相信他們的目標與你一致，就可以駕馭你了。操控型會讓自己以不同的方式呈現，因此你要特別留心才能認出他們。他們的性格也變化

無常。在你發現他們之前，他們為了要了解你可以將姿態放低。他們也善於察言觀色。接下來我會列出幾種你可能會遇到的操控型，因為廣義的特質和操控的傾向，讓這幾種操控型顯得更為重要，同時提供與他們互動的策略給你參考。當然，這不是最完整的，只是根據我個人的經驗與觀察得來的。

騙子型：這類型的操控者會用一些小技巧來讓你感覺到他是在幫你，或是提供一個很棒的想法讓你解決問題。這位新「朋友」通常扮演雙面角色，會裝作自己什麼都不是，或擁有一些有用的知識或技巧可以幫助你，但事實上，只有對他們自己有利。舉例來說，有運動員告訴其他選手（潛在的競爭對手），他們最近在肌力訓練之前會喝一種補給品，讓訓練成效顯著進步，儘管這個補給品並不是由學校的運動營養師或美國國家衛生基金會（NSF）認證。隊友誤信服用後，會在藥檢時遇到麻煩或呈陽性反應，當被抓到或遭到質疑時，當初的介紹人全盤否認。聽起來很不可思議吧？但這是真實案例。另一個例子，當發現隊友違反隊規或沒有遵守行為規範時，他告訴隊友一定會罩他們，但事實上，他卻想方設法引起別人注意，讓隊友出包。

魅力型：魅力操控型非常善於運用演說的力量，以及熱情洋溢的天性，來取得別人的信任。魅力操控型風格很容易觀察，因為常被政治人物和銷售員運用，即使在體育界也很常見。有些極端的例子，魅力操控型通常缺乏理論基礎知識，但卻善於運用誇大的噱頭和戲劇化的演出來鼓舞人心。魅力操控型有一點非常厲害，就是他們能夠將涇渭分明的事情變成所有人都有興趣參與的主題。他們會「神奇地」告訴我們生命中曾經遺失的東西，藉此來彌補我們的空虛感，並且對所有人持續地施展同樣的魔法。一般來說，這樣的魔法包含了下列吸引人的特質：運用幽默、機智或魅力；使用自己、成功人士或歷史上偉大領導者發人省思的故事；一個他人及自己的經驗；一顆幫助別人的心；熱切分享特殊知識；隨時可以展開的即刻救援行動。這些特質讓他們成為更容易受歡迎、產生共鳴與獲得信任的人，也是我們內心渴望追隨或相處的人。但問題出在，魅力操控型通常滿嘴胡言亂語。

魅力操控型會藉由展現他們是聚會的靈魂人物或能搞定所有事，來讓別人相信他。以學生運動員為例，魅力操控型在校外舞會上丟出創意，點燃熱鬧氣氛，然後在大家嗨翻天時退居幕後。在重訓室內，魅力操控型知道你何時需要他以及你想要什麼。不論是最後一組訓練的幫補或只是確認訓練課表填寫是否正確，魅力操控型只會做到剛剛好讓你相信他

的程度，一旦獲取你的信任後便會偷吃步。這類型運動員對周遭環境和你的需求有敏銳的觀察力，他們會將事情做到中上，但不會好到讓你每次都想到他，因為這樣才能省事。

魅力操控型的特質與政治型最接近，與他們互動時，你可以考慮多使用政治型的策略。小心他們有變色龍般的能力，一旦獲取你的信任或離開你的視線範圍後，真正的危機就要開始了。

傾聽型：這是操控型中最危險的類型。是什麼讓他們如此老奸巨猾呢？因為他們能夠掩飾自己的企圖心與情緒。一般人很容易被傾聽型迷住。他們會讓我們感到我們所說的一切對他們來說都很重要，並且給我們真心關切的假象。我們很容易就被他們鎖定住。你可以責怪我們身體的生物化學機制，特別是大腦中的獎賞路徑，也就是中腦邊緣系統多巴胺通道，在正常情況下，它主要掌管獎賞刺激的偵測，例如食物、性和社交活動。換句話說，我們沉迷於分享有關自己的事務。這是有科學根據的。哈佛大學心理學家黛安娜・塔密爾（Diana Tamir）和傑森・米切爾（Jason Mitchell）在二〇一二年的研究中發現，人們說話時有百分之三十～四十的時間都在談論自己，或者告訴別人有關於自己的經驗。兩位心理學家甚至發現，人們願意花錢只為了讓別人聽他們談論自

己。

　　傾聽者善於利用這樣的行為傾向。他們精於挖掘有用資訊，並且保留對他們有利的，等到適當時機再拿出來運用。

　　曾有一位傾聽型運動員走進我的辦公室，詢問一些與訓練課表無關緊要的問題。當時再一週我們就要完成一個非常艱辛的肌力訓練期，這是強度最高的階段。他知道這個狀況，還問了一些關於接下來訓練課程的問題，以及如何將它們融入我的訓練哲學中（轉移我的注意力），最後終於問到關鍵問題：我最近是否與他的總教練談過。最後他握手言謝離開。這反而讓我佇足了一下，因為這位選手過去很少問有關訓練上的問題（更不要說對細節有興趣了），但我對他真正想問什麼好奇。在當時，專項運動教練非常挺肌力與體能教練（如果你有幸遇到這樣的教練，你就會知道這種飄飄然的感覺），會定期到重訓室觀看選手的訓練狀況。他從來沒有對任何事提出質疑，並且很開心地看著孩子努力訓練。但我後來才知道，那支球隊有許多選手計畫在週末舉辦大型舞會，那位球員真正想問的，其實是總教練在週末結束後的下星期一是否會到重訓室看他們練習。那位選手後來非常失望，因為在他問我之前，我並沒有與他的總教練談過，但他問完後，我立刻寫了封電子郵件給他的總教練，告訴他星期一的訓練非常重要，請他一定要來！

　　無論上述哪種類型，操控型非常善於蟄伏、觀察和等待最好時機全力出擊，以獲得最大利益。他們通常都會暗藏玄機，並藉由吸引你的注意力或讓你感到不安來偽裝。他們會告訴專項運動教練，最近運動表現較差是肌力與體能教練的課表造成的，或是告訴肌力與體能教練，最近因為專項教練的訓練課表導致疲倦不堪。他們總是能夠找到藉口（外控者，external locus of control），並且將過錯推到別人身上。前面這兩個類型相形之下較無害，但我們常聽到經驗豐富的操控型會杜撰令人緊張的情節，例如家裡突然發生事故或個人遭遇不幸事件，因為他們相信這樣的理由不會啟人疑竇。

　　所謂操控，意指巧妙地、不合理地或不擇手段地掌控或影響一個人／事件。想要全然了解操控型，請反覆推敲這個定義。雖然大家對操控型的印象都是圖謀不軌（這是針對他們的特質介紹和他們所造成的影響），但也別忘了他們的優點。如果他們不夠厲害，如何能夠讓別人如此相信他們，或讓別人掉入他們所設下的陷阱。操控型通常很會揣測別人的心思，對時間與創意的掌握也有獨到之處，因為這對他們的策略或故事有很大幫助。但諷刺的是，他們的許多特徵也可以在領導型身上看到，唯一的不同，在於如何使用這些特質，是要幫助或危害他人。操控型會運用這些特質將別人（當然還有他自己）拉下水。

弱點

　　操控型的成功多半曇花一現。他們精於掩藏自己的動機，然後規畫一張符合他人目標或需求的藍圖來激勵別人，不論他們只是單純地想要幫助隊友，或是想要在貢獻度低的事件上分一杯羹。那麼他們的致命傷是什麼呢？他們的過度自負（通常也很脆弱），伴隨著欺騙行為上的過度自信，讓他們自以為比真正的自己還要聰明。但久了之後，這些原本通過「嚴格考驗」的方法，卻成為容易被識破的伎倆。因為周遭的人都聽膩了他們的藉口，並且看穿他們的小把戲。

如何產生連結

　　與操控型運動員產生連結需要有鐵漢般的柔情。別忘了，你的目的是要幫助而非擊倒他們。你一定要記住這點，因為這樣可以幫助你控制情緒，特別是當操控型運動員想要破壞你的領導威信或團隊文化。以其人之道還治其人之身最好的方法，就是告訴他們有個更好的方法可達到他們的目標，而不是與他們在謀略上鬥志。如果你與他們交手時失去理智，只是讓他們有更多的籌碼來反擊你，並且讓人知道你很容易上當。

　　與操控型產生連結的方法之一，就是透過持續的關心，與行政人員或專項運動總教練討論所觀察到的運動員行為

（還有你的訓練課表出發點）。你可以從分享與信任而非懷疑或擔憂的角度，與總教練建立良好關係，如此就可以防患未然。讓操控型知道你真的想了解，為什麼他們要偽裝自己的企圖心或散播不實的謠言。很多時候，這種會上癮的行為，是因為他們看到別人曾經使用相同的方法成功地達到目的，或者因為自己強烈的不安全感導致想要控制他人。

教練診療室：

由珍妮佛・諾依絲（Jennifer Noiles, CSCS）教練提供

當我轉頭看到重訓室某一角落，立刻丟下手上的水壺，風馳電掣地衝向一個十一歲的孩子，因為若再晚幾秒鐘，她就會被手上重達九十磅的啞鈴砸傷。呼。謝天謝地，沒有釀成災難。我讓這位只有七十磅重的小朋友坐在板凳上，她的個頭不高，鞋子還碰不到地板。我的心臟撲通撲通地跳，冷汗直流，我問她：

> **我：**「莎拉，妳知道重訓室的規矩 —— 沒有運動員可以……。」
>
> **莎拉：**「……在沒有教練指導的情況下在重訓室內進行訓練。我忘記了。」
>
> **我：**「妳會因為舉起那個啞鈴而受傷。妳為什麼會出現

在這裡？」

莎拉：「我只是想試試看能不能舉起來。」

我為了這件事碎唸了莎拉很久，因為她老是講不聽，一個自以為是的年輕足球員。她讓我想起自己在這個年紀時的樣子，但我非常遵守規矩，我是個人人眼中的乖孩子。

我想要且必須要導正這個問題，但如何做呢？決定權在我。我發現自己依然可以每週對年輕選手和助理們重複一次重訓室規距，然後在訓練開始之前穿梭於重訓室之間。我會在草皮上與他們開會，避免被重訓室干擾。但我突然想起莎拉，一定有某件事對她產生重大的影響，才會造成她這樣的行為。

我會用比較嚴格的方式管理，大家也上緊發條。基本上孩子們的反應都很好，然而——令人訝異的是——莎拉的行為並沒有如預期的改變。她對於規矩反而變得更有「創意」和「忘東忘西」。我把我們的精神講話頻率提高到每週一次。我想要知道這個小女孩到底怎麼了。

答案是：沒事！莎拉的人生非常快樂與健康，並且沒有家暴或嚴苛的父母。

老實說，我覺得自己被一個十一歲的小孩玩弄於股掌之間，很難接受這樣的事實。莎拉是選擇性傾聽非常典型的案

例。她為了得到她想要的，完全漠視我的警告，最後甚至像是我在苦苦哀求她。在莎拉的人生中，沒有一件事可以解釋她的所有行為是自我防衛機制。莎拉的攻擊性非常強烈，她可以為了維護自己的權利，不惜做出任何事情。我竟然沒有發現這點，導致我做了許多無效的決定。

　　或許你會認為我對她太過嚴苛，她只是個十一歲的小丫頭，並不是沒有天良，也不以傷害別人為樂。我們從小就被教育要接受、原諒與寬恕他人——多想想別人的優點，因此讓我們很難當機立斷，察覺別人是在操控我們，特別是一個小孩子。莎拉消費了她身邊所有的能量與注意力，當然包括我。這對其他選手和重訓室的同事來說也相當不公平。

　　莎拉並不是我遇過的唯一操控型運動員，但她給我上了一堂人性課，感謝她讓我不再這麼天真。人們會為了得到想要和認為應得的東西而不顧一切，用盡各種方式來達到目的。接受這樣的事實，並不表示你對這個社會不抱希望；接受這樣的事實，表示你能察覺某人的行為是操控型，並且讓你做出具體反應。以莎拉這個案例來說，她需要導正禁止這樣的行為，並且要為自己的行為付出代價。

　　今天，莎拉是位很棒的大二生，得到全額的足球獎學金，並且開始貢獻社會。我們仍然保持聯繫，我很開心她能夠持續追尋她所想要的。那我呢？感謝莎拉，我不再感到自

己是操控型的受害者。

弱勢者型

概述與優點

　　所謂劣勢是指一個人或團體在比賽或衝突中暫居下風，而且極可能會落敗（*American Heritage Dictionary*, 2015）。雖然我們心理上比較容易支持這個類型，但仍需更科學的探討。在許多知名電影的主要橋段上（想一想下列這些電影：《豪情好傢伙》〔*Rudy*〕、《洛基》〔*Rocky*〕、《300 壯士》〔*Braveheart 300*〕、《功夫夢》〔*The Karate kid*〕和《街頭痞子》〔*8 Mile*〕），我們都同情弱勢者。觀察社會現象即可得知，人們在現實生活或運動場上也比較支持弱勢者，即使最後的結局並不如預期（大家參考每年「瘋狂三月」〔March Madness〕的預估結果就可以證實）。有些研究人員會指出這一點都不合乎邏輯，因為社會認同理論的關鍵原則指出（Tajfel & Turner, 1986），人們之所以對自己有信心，一部分是因為與社經地位較高的人在一起。換句話說，我們比較喜歡與成功人士相處。從高中的經驗即可得知，通常數學或木琴社團都不太具有吸引力。許多研究文獻上也有記載，我們通常對怪異的人或弱勢者敬而遠之（Cialdini et al., 1976; End, Dietz-Uhler, Harrick & Jacquemotte, 2002; Snyder,

Lassegard & Ford, 1986）。

　　儘管有許多研究證實，但人們比較偏袒弱勢者卻是事實。美聯社的艾迪・佩爾斯（Eddie Pells）在二〇一五年的一篇報導指出，「在過去二十五年間有許多研究顯示，身為球迷，我們很容易無可自拔地倒向情勢較不利的隊伍」。另外由范德若（Vandello）、戈德施米德（Goldschmied）和理查茲（Richards）在二〇〇七年的研究指出，假設奧運會有許多場比賽，受測者對這些不同國家並沒有特殊喜好，但在任何情況之下，受測者一致希望弱勢的隊伍能夠贏得比賽。在這個想定之下，劣勢者是獎牌數最少的國家，尤其當兩個國家的獎牌數差距很大時，這樣的傾向會更明顯。

　　我們通常都傾向為黑馬加油打氣，為什麼呢？我們其實也不是很清楚為什麼會有這種傾向，因此很難有精確的原型來代表。我們熱切地期盼看到弱勢者成功，甚至同情一些看起來似乎很荒誕的事，這是為什麼呢？（這是真的，你可以參考 Kim, Eylon, Goethels, Hindle & McGuire 在二〇〇八年的研究。）

　　仔細討論為什麼我們比較同情弱勢者並非本書的初衷，但從我們對周遭正義與不公平的價值觀和感受（Lerner, 2003）、出乎意料的結果帶給我們的正面感受（Mellers, Schwartz, Ho & Ritov, 1997; Shepperd & McNulty, 2002）、我

們傾向看見弱勢者越來越好，甚至能向上層流動（Davidai and Gilovich, 2015）等觀察，就會發現有個主要原因，我們通常會用自己以前或現在所遭受到的挫折，來放大看待弱勢者的遭遇。戈瑟爾斯（Goethals）和阿利森（Allison）在二〇一二年時談到，掙扎是人們無法避免的經驗，也是英雄故事的主要情節：「我們可以很精確地察覺到掙扎，因為我們不僅可以在第一時間感受到，還能深深地體會。」（第213頁）

瞧！許多研究已經幫我們找到為什麼會出現支持弱勢者的深度理由。或許最能夠支持這個論點的原因，是因為我們從他們身上看到自己，而這也是肌力與體能教練喜歡指導弱勢者型的原因之一。

你可以問任何一個有十年以上經驗的肌力與體能教練，在他職業生涯中最深刻的回憶或故事是哪一個，他們說的非常類似電影《最後一擊》（Cinderella Man），而不是《財神當家》（Richie Rich）。你真的非常驚訝嗎？不用訝異，因為石頭也是需要雕琢才能成為璞玉。

現在讓我們進入辨識階段：我們如何知道自己身旁有弱勢者型運動員？弱勢者可以運用不同方式出現：例如即使有很強大的意志力，但因為先天條件不佳所以被忽視；或者是天賦異稟，但因缺乏心理素質而無法將潛能發揮到極致。我

將前者稱為「藍領階層」，後者叫做「沉睡的巨人」。當然，也有兩者皆缺乏的，但這些弱勢者型高中之後就不常出現在競爭的環境中，因為如果他們的心理與身體都沒到達水準之上，就必須退出運動員的世界。換句話說，不要想電影《洛基》英勇的情節會在《拿破崙炸藥》（*Napolean Dynamite*）中出現。

你從「藍領階層」這幾個字就可以看到他們的優點：總是捲起袖子認真地工作。他們很容易被忽略能甚至被視為一個小螺絲釘，但他們努力的付出將可以克服先天條件的不足。在他們的 DNA 中，會掌握任何機會來讓自己更強大。我們需要這樣的心態——也就是不隨便忽視能不斷地推動與啟發我們變得更好的微小事物。世界上每個文化都有屬於自己的故事，不論是真實或神話，都說明讓弱勢者翻身的力量來自於他們正確的心態。也因為他們的行動，改變了自己與周遭的現狀。我在教練生涯中見證了許多「藍領階層」的美式足球員，他們是全職學生，但是因為經濟因素所以需要兼差，不過他們在各方面還是很成功。他們有些也是我的見習生，他們追根究柢的學習態度，讓我深信他們將會有非凡的教練生涯。

弱勢者型了解現實狀況，但絕對不會向命運低頭，並且會直接或間接地影響別人。在心靈上，他們有著鋼鐵般的意

志，而且會用中世紀鐵匠鑄劍般的精神來鍛鍊自己的身體。雖然他們的先天條件並不像「沉睡的巨人」般優異，但他們絕對不會就這樣算了。如果給予他們正確的導引，他們的成就將無可限量（你看內布拉斯加州美式足球隊在九〇年代的訓練課表就知道了）。

如果說「藍領階層」是用鋼來鑄劍，那麼「沉睡的巨人」的身體素質，就像是古代武士手上那把寶劍。用當代的說法，這些是全世界最好的劍，而且毫無懸念地削鐵如泥。「沉睡的巨人」的身體素質毋庸置疑，但問題出在是否可以完全發揮出來。我們都曾經遇過天資聰穎（有時候到了曠世奇才的境界）的選手，但他們自己通常卻沒有意識到。「沉睡的巨人」以為自己跟別人一樣，因此沒有發現老天爺給他們這麼好的禮物。訓練這種類型的運動員通常會給教練帶來樂趣，因為這是一個新的挑戰。我們的工作並不只是單方面的——我們需要同時訓練肌肉與心智。他們最強大的地方就是身體素質，我們要幫助他們充滿自信地發揮出來。

弱點

試著回想你第一次與朋友、手足或對手比賽時輸掉的場景。你在那之後的感覺為何，以及你如何讓自己從失望或憤怒的情緒中恢復？你想要證明某件事？好比可以做得更好，

或者再給你一次機會，一定可以打敗他們。那麼歡迎來到「藍領階層」的世界，許多「藍領階層」相信，只要給他們發揮的舞台，一定可以克服任何阻擋他們勝利的障礙。但問題是他們必須竭盡全力才能追上天資聰穎的同儕，更別說超越了；「藍領階層」的訓練與恢復方法必須要持續與穩定。為了要能與天資聰慧的對手匹敵，「藍領階層」必須克服重險，如果沒有一個跌倒可以爬起與專注的心態，「藍領階層」會發現自己懸在半空中卻沒有背降落傘。如果他們想要成功，必須有縝密的計畫。

「藍領階層」的成功因人而異，要根據他們可以克服枯燥的能力、年紀、成熟度、環境的影響，還有一定程度的耐心。對「藍領階層」來說，時機是最重要的，因為他們必須把握當天賦異稟的隊友犯錯，或疏忽時順勢取代他們。

直到我擔任教練五年後，才意識到有「沉睡的巨人」這類型的運動員。在當時，我因為訓練過許多不同領域與背景的運動員，才對「沉睡的巨人」這個原型有清楚的認知。如果我們沒有用心觀察，就會輕易地將所有缺乏某種特質的運動員，都歸因於欠缺專注力或挫折容忍度。我們通常卻會將這些原因，加諸在儘管身體素質好但卻沒有將球打好，或是擔任四分衛比賽時傳出的球一直被攔截上。

我在擔任教練時學到一件事，就是假如你沒有用心或離

得太遠，將無法精確地發掘這個類型的運動員；而當他們腦
海中出現雜訊時，你必須在他們身邊。比賽或訓練前，你一
看到他們眼露狐疑，就必須及時將他們拉回到正軌，並與他
們討論原因。身體的細微動作（我們將在後面章節討論）往
往是發掘問題的線索，仔細觀察定會有新發現。一般人通
常認為這些天賦異稟的人，有鋼鐵般的意志和不可動搖的決
心，但身為教練，我們很清楚比賽的壓力會讓他們的心理狀
態原形畢露，就好像紫外線可以照出瑕疵一樣。

　　對許多人來說，很難理解為什麼天賦異稟的選手會被認為
是弱勢者型運動員，但在運動世界裡，意志力薄弱是嚴重的致
命傷。你可以觀察，在一對一的比賽或高張力的狀況下所出現
的一些徵兆（例如猶豫或焦慮），還有訓練時他們喜歡跟誰一
組，通常他們都會選擇下列其中一種作為訓練搭擋：

1. 選擇在身體與心理上遠遠超過他們能力的隊友，觀察
   自己如何能跟他們一樣，並且增強自信心。
2. 選擇不會對他們心理造成威脅或身體素質遠不如他們
   的隊友。他們會根據內心脆弱的程度或面臨失敗時的
   感受，選擇其中一種。

如何產生連結

　　無論是「藍領階層」或「沉睡的巨人」，弱勢者型都需

要一位能夠持續幫助他們走過這趟旅程的教練。「藍領階層」通常是被忽視的一群，然而「沉睡的巨人」則容易被注意到，但卻不容易了解。你可以彌補這中間的斷層，並在訓練中將這兩種類型結合在一起，以補足彼此的不足。「藍領階層」渴望有機會可以證明他們的實力，而「沉睡的巨人」則需要清醒起來，並體認到他們所面對的困境是成功的養分。他們要能自在地和焦慮與恐懼相處，因為這是比賽中必然會面臨到的。焦慮和恐懼是人類的本能，它可以提醒我們的行為和內心深處間的真正關係，或是要求我們發揮潛能以應付各項挑戰需求。

這類型的運動員並不會主動尋求你的指導，他們通常都不喜歡被干擾，必且習慣自己解決問題。

他們有著堅毅的外表，但事實上，這只是想要吸引你的注意力，就如同察覺任何一個原型，當你觀察環境與當中的人事物時，必須一步一步慢慢來。可以觀察當你靠近他們，或是處於競爭激烈的比賽、休閒時間，甚至是在最舒適的環境下，他們的整體反應為何。仔細觀察他們在重訓室的所有行為。我們執教生涯中遇到的「藍領階層」，只要一舉起重量就停不下來，而且為了多練一點還會待到很晚。至於「沉睡的巨人」，我們應該很容易想起他們在訓練中、技巧訓練快結束時或比賽中，曾經發生的情緒化或受挫現象。身為教練，

不要馬上介入，等緩和後再找適當時機與他們單獨談話。如此一來，你會更了解他們。

　　我們在人生中可能曾是個弱勢者，無論是想要獲得夢寐以求的工作、與校花約會或是在運動場上一展身手（甚至在我們擔任教練時）。當你試著想要與弱勢者型產生連結時，可以回想一下自己在同樣情境下的想法與行為。畢竟，這些原型的人格特質描述不只是針對運動員──同樣地也適用於教練身上。

教練診療室：

由丹尼爾・諾波（Daniel Noble, M.S.Ed., CSCS）教練提供

　　你若想要徹底地了解弱勢者型，首先要能了解他們的心態。我始終認為教練的使命感勝過一切，或許因為我是十足弱勢者的關係。在我小的時候，我的大腦受過嚴重的創擊，小命差點丟掉，這讓我後來的人生都在學習如何與殘疾和不安全感共處。我從來都不是老師或教練會注意到的學生，天生的條件讓我可以馳騁於運動場上，不過一旦進入比賽的心理狀況，我就不行了。在學校裡，大家總是告訴我不能夠做什麼，而不是能做什麼。當大家在享受大學生活時，我卻不斷地在跑階梯或重訓。我活在自己的世界裡，因此無法滿足別人對我的期望。我總是無法接受某些類型的教練，以及自

己的表現比別人差。我實在不知道為什麼無法專心一致，為什麼別人可以跌倒後屁股拍拍就站起來，而我卻因為坐板凳而消沉多日。當我的球員生涯接近尾聲時，我開始思考生命中所遇過的教練，以及為什麼我會有這樣的行為和成為這樣的我。這讓我想起高中時期特別關心我的教練，說實在的，是他將我從深淵中救出。他總是耐著性子告訴我，雖然我的方法與眾不同，但這不代表就是錯的。當世上所有人都放棄我的時候，只有他讓我知道自己還有用處。雖然這只是正確方向的一小步，但卻是了解與接受我困境的唯一方法。

　　很快地，讓我們進入我的教練生涯：我第一次遇到 JK 的場景一直烙印在我心裡。這是我的第一份教練工作，當時已經開學一個月了，我們是間開辦兩年的體育學院，當時只有十九位學生運動員，所以當 JK 的父母親將他送到山麓學院（Hill Academy，我們當時在那裡訓練）時，我們別無選擇，只好收留他。他的學業成績實在慘不忍睹，應該是結交了一些狐群狗黨。他的雙親都是非常好的人，但正準備經歷一場艱辛的離婚手續，他們最後的共同希望就是幫助 JK 走下去。我還記得看到 JK 時，馬上想起十五年前的自己（氣餒、孤單、缺乏自信並且感覺需要不斷地證明自己）。當時的校長和導師，想盡一切辦法就是不想讓他待在我們學校。他停止參與體育活動，無法到達學校選手的水準。無論 JK

走到哪裡，大家總是告訴他不能做什麼——卻沒有人告訴他能做什麼。我能夠體會他的感受，從而支持他。我堅決地認為他適合這裡，他需要這裡，而且我可以獨自照顧他。對於某些弱勢者來說，特別是家庭環境特殊的人，能夠獲得師長的支持是莫大的鼓舞。JK 在有條件的狀況下允許入學，大部分的行政人員都認為他最多待兩個月。

重點提示：

——了解弱勢者的心態。
——理解他們的背景和造就現今他們的原因。
——透過行動來建立信任，並且支持他們。

進入弱勢者型的世界：

　　JK 入學時已經是十月下旬了，不只學業落後，體能與社交能力也差很多。雖然我們學校很小，但學生個個才華洋溢。大部分的學生運動員都會得到第一級學校的全額獎學金，與各隊長和全美明星球員並駕其驅。因此，想進來還不容易。JK 必須要做出想要接受這項挑戰與不斷地讓自己更好的選擇，他真心想要挑戰，只是需要別人給他機會。第一個月對 JK 來說備感辛苦，雖然他已經選擇留在山麓學院，

但他還是不容易相信別人，而且他的訓練課表極具挑戰。我們每天早上八點開始進行重訓，接著是整天的學業課程，然後再進行專項運動訓練。通常以這樣的課表和類似 JK 的狀況，故事應該早就結束了。但這個例子的故事有點不同。JK 沉睡已久的內心甦醒了，雖然這個挑戰非常艱辛，但他得到從來沒有過的對待：從新開始，並且所有的教練與老師都相信且在乎他，因此大家開始注意到 JK 的加倍努力與付出。他的隊友開始支持他，雖然他在每次衝刺時都是最後一名，每次體能測驗時都會吐，但他的努力毋庸置疑。JK 開始愛上重訓室，因為重訓可以幫助他增強運動表現。在重訓室中，努力與態度決定一切。雖然 JK 的運動技巧遠不及他的隊友，但重訓室讓他產生歸屬感，建立起勇氣與信心。透過嚴格的訓練，JK 成為隊上不可或缺的要角。隔年春天，JK 成功地改造自己，讓人幾乎認不出來，他充滿自信、價值與夢想。當年四月，JK 加入球隊俱樂部，那裡的教練對 JK 的成長蛻變感到非常震驚。JK 成為嶄新的球員，他昂首闊步並充滿自信，與其認為會輸，他展現出已經準備好的態度——因為他確實準備就緒了。

但很不幸的，JK 在一個週末的巡迴賽上，持球奔跑中遭到惡意撞擊後頭部著地，導致大腦嚴重受創。雖然經過搶救，但 JK 還是離開了我們。這是我生命中最悲慘的事件，

我不知道自己是否走得出來。對他的家人和隊友來說，這樣的痛是不可名狀的。雖然 JK 已經離開我們十年了，但我還沒有全然領悟這個年輕人對我生命所造成的影響。我們的心靈是如此的契合，我頓時明白原來自己從小遭遇的人生經驗，可以用來幫助這位不凡的青年。如果這偏離了弱勢者型的主題，我向你們道歉。但對我來說，有一點非常重要，如果你真的想要與選手產生連結，你需要敞開心靈、攤開自己的人生，透過脆弱的一面來顯示出自己的力量。我將指導的每位選手當成自己的孩子，而且用不同的方式教導他們。

雖然 JK 已經離我們遠去，但他努力不懈的精神，卻深植在我們每個人心中。

JK 的球衣背號為 45 號，這也是我打美式足球時的球衣背號。我依然清晰記得當教練問他想要穿幾號的場景。他抬起頭看了我一眼，然後告訴教練因為諾波（當時的學生都這樣稱呼我），所以他要穿 45 號。我當時還以為他有點半開玩笑，但最後才知道，這是他表達感謝的方式。JK 每天在學校展現出的態度感染了所有隊友，並且創造了牢不可破的凝聚力。JK 的每位隊友上了大學後，都選擇穿上 45 號的球衣，並繼續延伸他的精神。JK 的生平故事一年內就在曲棍球界傳開了，全美大學體育協會（NCAA）所有球員都學習他的精神，並且穿上他的背號以示尊敬，同時提醒自己能如此幸運

地擁有這一切。目前有超過一百位球員，包含職業與大學球隊，都穿上 45 號的球衣。

重點提示：

　　——必須找到他們內心的渴望！
　　——找出他們成功所需要的因素，並盡力協助（環境或人等等）。
　　——不要有先入為主的觀念，在還沒有見到面之前，不要妄下定論。我們都需要一個全新的開始。
　　——幫助他與同儕產生凝聚力。
　　——每天幫他建立勇氣。
　　——建立一個認知，如果弱勢者型需要做得更多，是可以的。
　　——言簡意賅並將複雜簡單化。

進行步驟：

1.「先了解他人，才能尋求他人對你的了解。」
　　——史蒂芬·柯維（Stephen Covey）。
　　我對所有運動員剛開始都是採用這個方法。我深信每個人都需要用不同的方法來對待。雖然有些人需要更深入地

了解，但最終我還是會竭盡所能地了解真實的他們。想要與運動員產生好的連結，首先要先想到他個人。以 JK 來說，我與他最好的連結，就是我們在成長過程中都遇到相同的挫折。身為教練有一個常見的迷思，就是認為自己要高高在上，但這會破壞整個指揮鏈的連結，最終將會造成兩敗俱傷。當我開始教練生涯時，就是採取高壓威嚇手段。很好笑吧，因為這是一般所謂有效的方法，但我似乎忘了，當我還是選手時有多痛恨這樣的方式。現在的我，了解到領導是建立在良好的關係和提高對選手的期望上。

有件事必須先確認清楚，雖然我們希望凡事以選手為中心來考量，但並不會因此降低期望值。然而，我們真心希望選手能夠用自己的方法來達成夢想。這是與弱勢者型建立關係最重要的部分，因為他們通常處於僵化的環境下，所以從來沒有機會將自己最好的一面展現出來。以 JK 來說，他只是需要一個新的環境和機會，他需要一點時間來與隊友和教練建立關係。如果我沒有注意到這些，即可能會失去一位好選手。這是北美運動組織中常見的錯誤──我們希望每個教練都能採用相同的方式，而且是根據我們的方式。二〇〇九年，紐西蘭黑衫軍（國家橄欖球隊）被發現有問題，球員們深陷酗酒、毒品和暴力中。教練們開始針對每位選手建立個人資料，找出驅動他們向上的因子。有些選手需要人生教

練，有些則是戒酒諮商或提升專項技能。最重要的是，每位選手都得到自己最需要的，而不是別人最需要的。因材施教是最好的方法。

2. 弱勢者需要時間！

與人相處時，一對一的方式是無法取代的。身為教練，我們被現今日新月異的科技產品和各種運動器材給淹沒了，透過它們我們可以非常了解運動員的身體，但卻無法知道他們在想什麼。你的運動員需要知道你是在乎他們的，並且與他們同在，有一些方式可以做到，但其中最重要的，是提出正確的問題，並用心傾聽他們的反應。弱勢者型——特別是「沉睡的巨人」類型——不是被自身能力阻礙，而是被心困住。如果他們的天分或身體條件不夠，就不會出現在這麼高水準的地方了。他們無法進步主要是欠缺持續力、理解力，以及不願接受批評或害怕失敗。

與弱勢者型相處，我喜歡將事情簡單化。對這些運動員來說，過度分析與過度指導不是好事。我常掛在嘴邊的一句話是「FIJG」，也就是「××××，做就對了！」我們用這句簡單的話來提醒自己保持簡單，並讓準備工作來接管這一切。讓他們離開舒適圈，可以幫助他們培養勇氣激發出潛能。身為教練最重要的，就是當運動員眼睛閃爍著懷疑和沮

喪時，能立即察覺及時地幫他一把。這不需要大張旗鼓，而且越低調越好。持續、清晰與精準的溝通非常重要，還可使用一些簡單的肢體動作或話語讓他們回到當下。有些弱勢者型會有情緒上的問題，千萬不要隨風起舞，否則更難處理。我會先讓他們發完脾氣，再回到訓練當下。一定要有始有終，不只對一般人，對運動員也是，能順利處理複雜與混亂的狀況是非常難得的能力。

　　弱勢者型需要你每天耐心地陪伴，有時候他們表現得很好，但有時卻會躲得遠遠，不想訓練或成為干擾者。在訓練中及早發現這樣的狀況非常重要，此時你可以說些簡單的話鼓勵他們回到正軌。這也就是為什麼對你的選手有清楚地期望很重要。

3. 允許犯錯的空間，並且教他們跌倒後要能站起來。

　　通常弱勢者型都曾失敗過，而且不希望重蹈覆轍，不論是在球場上犯錯後讓他做坐冷板凳的教練、只問結果不問過程的虎爸，或者只因考試成績太差就說他們不夠聰明的老師。不論是哪個理由讓他們害怕失敗，最重要的是了解他們。當我開始執教時，如果運動員動作沒做好或跑步時撞到三角錐，我就會大聲斥責。我認為這是對的事情，我想要灌輸他們每次訓練都要抱持完美的態度。但我開始思考這些話

對他們造成的負面影響。練習不就是允許犯錯和嘗試不一樣的動作嗎？當運動員沒有做好時，不就是一個指導他們的良機嗎？我並不是要你降低標準，各項訓練動作都必須達到正確的姿勢與強度，但如果運動員不知道自己哪裡做錯，不斷地斥責有用嗎？

弱勢者型也許比其他類型都還需要犯錯空間，而且不會因為犯了一點小錯就遭到責備。他們通常需要反覆練習來達到熟練。勇氣與自信對他們很重要，如果你摧毀這兩大支柱，如同毀滅了他們。勇氣的建立需要日復一日，不論是透過練習領導、克服困境、跳脫舒適圈或對自己負責。每位選手都有他獨特的價值，身為教練，我們需要不斷地提醒自己：**為什麼我們要這樣做？還有，這樣做有效嗎？**

4. 有目的的教學並啟發過程中的熱情。

指導弱勢者型是我喜歡當教練的一大因素。任何人都可以指導天才選手，不僅對你的事業有幫助，未來或許還可以出書。但這是真正的教練嗎？對我來說，這並不是。弱勢者型讓我們適應、了解與熟練自己的技藝。我看過真正的教練與絕地武士（Jedi Knights），他們只要透過打響指就能掌控百來位選手。眼神稍微一瞥就知道什麼該說、什麼不該說。真正的教練屈指可數。每個人都可以算次數和寫訓練計畫，

但真正的教練喜歡具有挑戰的選手，也就是大家都認為沒有希望的選手，而這正是教練這個工作最有價值的地方。

十字軍型

概述與優點

　　十字軍型運動員都有較高的使命感。他們會用自己的方法將正向能量傳遞給周遭的人，即使在最艱辛的比賽環境，也能展現無可動搖的決心，並且使用言語或行動來激起大家內心的鬥志，十字軍型真是我們情緒昏迷時的電擊棒。

　　十字軍型通常扮演隊上凝聚向心或鼓舞人心的角色，並且展現出許多領導特質。或許有人會說，為什不像弱勢者型區分為「藍領階層」或「沉睡的巨人」，這樣十字軍型或許只是領袖型下的分支。根據他們最終目標的相似性，你會這麼想完全合理。但這兩個原型是獨立的，互不隸屬。因為根據我的經驗與觀察，十字軍型在隊上或訓練團隊中所展現的活力，值得單獨歸類為一個原型。並不是所有領袖型都會運用心靈層面，相對地，也不是所有十字軍型都想跟領袖型一樣，站在第一線或是成為行動的核心。有些十字軍型喜歡默默地工作，並且保持較為低調的自我反思狀態。

　　十字軍型最大的優勢，就是堅定不移的精神。當面臨衝突時，他們喜歡有策略而非侵略性的解決，因為對他們來

說，一個沒有妥善規畫的方法將會被情緒掌控，很難得到理想的結果。

弱點

十字軍型知道「軸向負荷」（axial loading）的真正意涵（對身體脊柱產生軸向力量的動作，例如背蹲舉），因此，他們除了扛起自身的責任之外，也會順便將周遭的一切一肩扛起。他們樂於助人也是天生的老師，但有件事他們必須明白，幫助他人最有效的方法，就是啟發他們自己解決問題，而不是依賴他人解決。

十字軍型想要更有效的領導，就必須適時的放手。這對十字軍型來說很困難，但如果他們給自己太大的壓力，最終將會壓縮到自己的表現，犧牲自己的能力來達到他們想要的團隊穩定感。於是，幫助十字軍型找到進退之間的平衡點非常重要。

這也就是為什麼十字軍型通常給人手持寶劍和盾牌，不畏艱難地捍衛自己信仰的印象。因為他們同時有攻擊與防禦的裝備，聰明的十字軍型知道，必須同時採用侵略與保守的方法，才能讓他們消除疑慮或恐懼、啟發他人，也排除將會影響他們成功的情緒因素。

如何產生連結

　　他們個性平易近人，所以很容易產生連結。可以試著多了解他們的意圖與想法，在你想要創造的文化和他們相信的方法之間找到共通點。因為他們也想整合全隊的向心力，你將會發現他們是有力的盟友。十字軍型同時扮演隊友效法的榜樣及你與選手間的傳聲筒。

　　想要穩固與十字軍型的關係，必須將他們納入隊上的領導階層。當球員行為有些怪異，但你卻說不出原因時，不要因為自認高高在上而不敢問，特別是十字軍型。到底發生什麼事了？十字軍型是很好的傾聽者，對於隊上發生什麼事有十分敏銳的「耳朵」與直覺。

　　你的溝通內容要能獲得想要的資訊，才能幫助他們。當你處理情緒性事件時，如果沒有採用誠實坦率的方式，就會被認為是侵入者，你的戰友也會被認為是「抓耙子」。

　　此外，十字軍型需要他人的互動和情感，雖然他們比其他人更獨立自主，但仍需要團體與心靈導師。每天花點時間與他們相處，你不只可以掌握整個團隊的氛圍，還會有正向的天使來幫助你形塑理想的團隊文化。

教練診療室：

由巴里‧索蘭（Barry Solan BSc〔Hons〕, CSCS）教練提供

　　在你指導過的隊伍裡應該都有十字軍型的運動員，包括你現在指導的球隊。如果你夠幸運，每隊或許有一位以上的十字軍型運動員。他們很好相處，有著無窮的精力，而且渲染力十足。他們凝聚了整個團隊，有著與眾不同的氣質，只要有他們在，整個團隊的氣氛就非常輕鬆。身為教練，只要有他們，工作就輕鬆許多。每個人都知道當壓力發生時，不論是在場上或場下，十字軍型都知道解決方案為何、該說什麼、何時說，以及最重要的，他們是強而有力的後盾。

　　這就好比你同時指導許多不同球隊，但你還是會從這些角度來與十字軍型聯繫。你或許偶爾還會請教與他們毫不相干的事情，你想聽聽他們的觀點，他們也樂於跟你分享。在執教生涯中，你可能很希望全隊都是十字軍型的選手。

　　根據我在不同文化與地區指導多種競技運動的經驗，十字軍型絕對是你在更衣室、球隊會議、重訓室及重要賽事上都想要的運動員，因為在這些場合中，十字軍型都能脫穎而出。

　　他們比別人更前瞻思考，與他們之間的連結會影響團體內其他人。十字軍型總是以團隊目標為出發點，從不考量個人利益。

　　我在執教時曾多次針對隊務與十字軍型選手討論，都有「我怎麼沒想到這點」的讚嘆。伴隨著高情緒智商與對賽

事的掌握，讓他們相當與眾不同。他們總能提供精闢的見
解，讓我了解隊上的運作狀況，每次開完會，我更知道如何
指導球隊。一般發生問題時──例如，某位球員缺乏信心、
球員間發生同室操戈、教練的指令不夠明確或是場外的家庭
問題等──十字軍型選手是隊友第一個想到尋求建議的人，
隊友們都知道他們是可以信任的。有些選手的場外事務確實
會影響場上的表現，但十字軍型的選手通常不會透露太多訊
息，因為這樣會破壞其他選手對他們的信任，但會剛剛好到
讓我可以有效率地處理。十字軍型樂於助人，當我要跟他們
聊自身問題時，都得另約時間，因為我們之間的時間，已經
被他人的事情占滿了。我們都以別人為優先考量，就像前面
曾說過的，十字軍型有許多優秀領袖型的特點。他們的影響
力可以幫忙建立球隊風氣，包括如何對待新進或年輕選手的
方式、資深老手如何帶領球隊，還有他們勇者無懼的行事風
格。平常他們談笑風生，但有需要時，會板起臉孔公事公
辦，由於他們有見地又無私，所以不會遭致同儕非議。

　　我要引用的運動員案例非常有趣。這位十字軍型運動員
在職業生涯早期身體精壯，不過連續幾季都發生危及職業生
涯的傷害，讓他的身體無法呈現最佳狀態。當我第一次在休
季訓練他時，他的身體基本上已無法承受，因為之前的受傷
和不適當的訓練，導致重要的軟組織發生問題，也因此影響

到他的訓練和表現。在外行人眼中，他的表現還是不錯的，但他心裡很明白不能再這樣下去。他靠著藥物治療才能繼續練習和比賽，換做別人早就放棄了。

　　這個情況也點出十字軍型的一個弱點：總是將別人的責任一肩扛起，但也因此犧牲了自己的表現、加重身心的壓力，若想要成長就必須終止這樣的循環。幫助他最好的方法，就是解除肩膀上沉重的壓力，並在重訓室重新打造他的身體。我很輕易就說服他了，因為他清楚知道自己的身體狀況無法負荷下去。我們剛開始的互動，就是與醫生會診他的身體，制定復健計畫。許多醫療知識已超過我的能力範圍，然而身為教練，這是我獲得他信任的機會，並且讓他知道我支持他。不少傑出教練曾引用班傑明・富蘭克林（Ben Franklin）說過的一句話，「沒有人在乎你知道多少，直到知道你有多在乎他們」。

　　我們對症下藥整合醫療與訓練團隊擬出復建計畫，以解決影響他運動表現的問題。就像許多十字軍型一樣，這位選手對他自己的訓練計畫深感興趣，讓整個過程相當順利。他非常謹慎注意復健計畫中的各項細節，並且提供訓練進度的調整建議給教練團隊。唯一的缺點就是他太有活力了，因此必須謹慎管控以讓復健計畫順利進行。這也是他每天都要面對的課題，因為他總是希望進度能夠超前，所以要不斷提醒

他復健需要耐心。我也可以感受到他害怕失去太多與隊友相處的時間，不論是在更衣室或賽場上，要調降他在隊上建立的高標準。根據他的受傷史，他的復健的確需要花上一些時間，而且有時候會讓每個參與的人感到挫折。但是他循序漸進的復健，經過幾個月的良好訓練，不論在動作或肌力上都有長足的進步。雖然整體復元的狀況比預期慢一點，延遲了賽場上跑步技巧與體能訓練這個項目，可是一旦他的身體準備好了，進步幅度就會一飛衝天。有趣的是，他的復健過程有雙重意義：第一，他可以暫時離開球隊一陣子，讓他的身體與能量重新充電，因此能回到以前高水準的表現。第二，當他重新歸隊時，因為學到許多新東西所以可以分享給隊友。

懷疑型

概述與優點

懷疑的定義為「一個人對於相關事務容易產生問題或疑慮」（*Oxford English Dictionary*, 2015）。在運動領域中，懷疑型又可分為天生型與盲從型兩類。這兩種類型接下來會詳細解釋，讓我們先來了解懷疑型的優點。儘管被許多人誤會，但懷疑型不見得就是思想封閉的人，因為比起不經大腦就相信別人，他們會謹慎思考別人所說的一切。當我與物理

治療師好友，吉姆‧高丁（Jim Godin）討論這個主題時，他提出一個相當好的論點：有目的地懷疑可以產生前瞻性思維，並且會不斷地對過去所學提出質疑與思辨。懷疑型與其他運動員最大不同之處在於，要讓他們全然認同需要時間。吉姆曾與三軍將士共事過，這是一群善於運用細緻且有彈性的策略，來達成具有挑戰性目標的英勇戰士。他們被訓練成能將每個可能方案細部分解，並且排除最大變數，因此吉姆的想法與分析能被廣泛接受，因為是從他第一手經驗得來的。

懷疑型總是對要求他們進行的每件事問為什麼，如果沒有當場問，一定也會在腦海中盤旋。這是懷疑型很大的優點，即使剛開始會冒犯到你，但尋求進一步的理解是人類天性，他們只不過想知道得更多而已。他們想要學到更多，因此教練不能敷衍了事。懷疑型對所有事的高度興趣，也給教練教導的機會，以及增進形容某項特定運動、技巧或動作的技巧（就是第四章會討論的「3R」技巧）。

大部分的運動員都喜歡最新的訓練，但如果因此讓他們感到困惑、尷尬或不信服，就會像仰攻作戰一樣困難。但懷疑型不會在互動過程中做出粗魯行為。他們反而比較像砂紙粗糙的那一面，可以磨除門上的斑點，如果能夠保持良好的關係，剛開始互動的偏見摩擦，最後都可以消除，形成新的

良好關係。

　　現在更進一步闡述懷疑型的分項：天生型與盲從型。

　　天生型：天生型運動員顧名思義就是有非常好的基因，但尚未完全成熟。對教練來說，他們是相當特殊的挑戰，因為他們多半都不喜歡訓練，並將訓練視為有助進步卻非必要，因為他們通常不需要特別訓練就能成功。他們一點也不想在重訓室中埋頭苦練，因此當他們聽到教練說深蹲和上搏可以增進速度時，會在腦海中浮現「這很好啊，但我可以跑得比蹲得比我重的人還快」的想法。這也是我們身為教練最容易感到挫折的地方。我們當然知道他們的實力，但令我們抓狂的是，他們沒有看到長遠的目標，雖然他們已非常傑出，但如果他們天生的優勢能夠搭配聰明的訓練，表現定能更上層樓且避免受傷。雖然還是有極少數不用訓練仍能成功的運動員，但畢竟是例外，而非常態。這就好比有些老菸槍沒有罹患癌症、慢性阻塞性肺病或心臟病，大家就認為猛點菸沒關係。

　　如果你曾經指導過天生型好手，就知道可以在他們身上進行多項實驗，但重點是，必須有創意和跳脫傳統，才能讓他們信服。讓他們想要改變的理由，必須對他們有意義，而幫助他們找到那個理由，要有行為科學研究的支持。

　　所以我們如何讓他們對訓練產生興趣呢？如果他們非常驕傲，有時候就必須歷經挫折或失敗，才能學會謙卑。另外，身為教練則需要有些創意，我過去常使用一個方法，就是將他們喜歡的訓練與重要（但他們也許並不喜歡）的訓練結合在一起。

　　舉例來說，過去我曾指導過一位選手，非常不喜歡肌力訓練，因為他覺得變笨重。但這只是適應初期的徵兆，因為他的身體面對新的壓力源，之後並不會產生負面影響。他並不在乎超補償原則，但如果他能夠將事情看得遠一點，就會發現運動表現可以提升到更高層次。這位選手曾經在重訓室有過非常不好的經驗，認為重訓會導致他行動變得緩慢笨重，動作不自然。然而，他卻喜歡爆發力動作訓練，例如跳躍訓練（跳箱、立定跳遠等等）、增強式訓練和一些健美式訓練動作。前面的訓練讓他展現出天生運動能力，後面的訓練則滿足他的虛榮心。我透過觀察設計了一個「折衷」課表，整合低強度爆發力／負重訓練，例如六角槓鈴／蹲跳；懸垂式上搏／挺舉；壺壺和自身體重訓練（藥球伏地挺身、分腿蹲和引體向上）；二頭肌彎舉訓練系列、雙槓撐體和「人魚線訓練」，這些都是他想要的訓練。這個課表讓他耳目一新，因為這些訓練動作不會讓他產生太多痠痛、沒有太大的負重，並且相當有創意。這也讓他知道肌力訓練不是一成

不變的。

　　當憤世嫉俗的教練讀到這裡時或許會大笑一聲，並且認為這個方式是給那些懦弱選手使用的，而且這些動作跟硬舉、大重量深蹲或奧林匹克舉重相比，更是一點價值都沒有。等一下。我過去也有同樣的想法，但你會發現有這樣思維的教練，都是指導菁英運動員或身體素質類似的選手。我當然同意課表必須根據科學化設計，但在真實世界中，你必須了解選手的實際狀況，有時候就是要繞點遠路才能達到目的。隨著社群媒體的興起，讓你誤以為許多教練只要吹吹口哨，運動員就會隨時隨地乖乖地奉令行事——如果他們把真相說出來，故事就不如你所想的了。

　　如果你還沒有幫運動員找到折衷之道，別擔心，很快就可以實驗了。到目前為止，在「教練診療室」所提到的故事足以證明。當我訓練某個團隊，運動員的年紀、背景、人格特質、限制因素和語言不一時，我馬上放下偏見問自己，「在這些限制因素當中，什麼是對他們最有效的方法？」而不是只想到「最有效的方法是什麼？」當然，自身體重訓練與低負荷的爆發力練習，無法產生類似大重量肌力訓練的相同適應效果，但如果運動員一開始就不想執行你開出的課表，或是打從心裡就不想學那麼複雜的動作，那麼你的課表就只是一張紙而已。

當我們遇到就是不想訓練的情況，必須先改變他們的想法，才能導引他們正確上路。如果你真心以他們的利益為優先考量，就不會發生疑慮、爭執或逞強的事。「訓練」對每個人來說都不一樣，有時候，為了要獲取運動員的信任，我們必須從自身體重或低負荷的爆發力訓練（這兩種訓練都有其非常大的效果）開始，然後再慢慢地將他們導向傳統的肌力訓練。當我們看到運動員在重訓室中徬徨猶豫，不想真心投入訓練時，這樣的策略比起那些硬漢的方法更有效。先放下身段，讓選手步上軌道吧，即使並不完美。

盲從型：你有沒有遇過選手試圖跟你說一些新穎的訓練？或許他們是從其他學校、球隊或不同層級的比賽中聽到的。他們可能會問你：「為什麼我們不用這樣的訓練方式呢？」他們沒有提供相關細節，你也聽膩了相關的傳聞，但你還是誠摯地回應他們，言明這世上沒有「神奇的藥丸」或他們聽到的不是事實。但他們就是充耳不聞。不出你所料，他們最終還是會採用那些最新潮的訓練法、戴上高地訓練面罩、用敏捷梯跑障礙賽；更糟的是，在平常訓練時間之外，參加由有「運動表現大師」之稱的前運動員舉辦的「特殊」訓練課程（當然他們不會跟你說）。這就是典型的盲從型。

當然，你可以說這也許只是選手一時觀念混淆，沒被

教育什麼該做或什麼不該做而導致的。或許吧，但如果他們的動機很單純，就不應該掩蓋這些新增的訓練工具、方法或教練——而且，他們在嘗試任何新穎的訓練前，應該先問過你。但他們知道你會回絕，所以才偷偷地背著你追隨這些潮流。

盲從型通常對周遭事物非常好奇，這是他們最大的優點，但卻容易被第一印象影響，而不是耐心的理性思考。他們很容易因新鮮事物而興奮，但通常都無法自我判斷；他們很容易被激勵人心的故事感動，希望找到通往成功之路的最後一塊拼圖。身為教練，我們都知道他們苦苦追尋的是成功本身，而不是成功前付出的努力。然而，想要熟練任何一項技巧或技藝，始終如一和耐心是進步的關鍵。許多盲從型寧願相信可以「這麼」簡單——只要他們發現別人也這樣做！當然，他們忘了魔鬼藏在細節裡。

我在訓練團隊或教導個人客戶時，都遇過盲從型。第一次是訓練一群美式足球員時，他們討論某些學校在重訓室採用特定訓練方法，速度才會這麼快。我親眼目睹兩位選手在更衣室內，用盡一切辦法鼓動隊友去跟體能總教練說，球隊應該採取不一樣的訓練法，這些老派的方法是他們輸球的主因之一。他們或許覺得受夠了，但很明顯地沒有勇氣表達出來（他們永遠不會）。

那天晚上，我打了通電話給我一位麻吉，他剛好在我們選手討論的那間學校任教，因為我想進一步了解他們的訓練方法，從源頭釐清傳聞與疑問。我告訴他，選手聽到他們有「在重訓室內加強速度訓練」的方法，而且效果很好。我猜想他們應該是在討論使用速度依循訓練（velocity-based training），我只是好奇，如何運用這項訓練，讓跟我們球員一樣壯的球隊更快速。當我一開口問時，他捧腹大笑，「是的，我們是在訓練速度！因為球隊總教練希望進攻時的節奏能夠更快，因此他希望每位球員在重訓室內轉換不同訓練時能用跑的。這項措施讓教練們哭笑不得，因為選手在組間沒有得到充分的休息，就無法舉起應有的重量！坦白告訴你，我們唯一有這麼快的動作，是在招募新秀時，這也是我們最近成功的原因。」

這就是以訛傳訛的典型案例，因為球員們容易被謠言影響並斷章取義。具備正確的認知對許多運動員來說如此實際──尤其是在絕望的當下或尋找提升運動表現方法的時候。

懷疑型一定要接受凡事沒有捷徑這個想法，所有行為改變都是由內在動機所驅使。懷疑型通常有強烈動機學習新技巧，但卻沒耐心等到最後開花結果。不要強迫他們！提供懷疑型你所有的資訊，然後給他們一些空間。無論如何，他們

都將學到最快速的方法，就是走在一條正確的道路上，並且堅持下去，而不是漫無目的亂槍打鳥。

弱點

雖然在日常生活中，保持懷疑的態度通常會帶來創造力，但在訓練環境中卻很可能造成傷害，特別是過程或結果都需要花時間慢慢地等待。當然，就像你所做的每件事，都會有六週的功效（丹·約翰〔Dan John〕教練總是這麼說），但在那之後呢？因為身體會自然的適應，所以進步幅度會減緩。如果懷疑型時常質疑課表並且不相信教練，那麼不只傷害了彼此的關係，還因為不斷地嘗試新方法，或私自調整訓練計畫而延緩進步的幅度。

除此之外，懷疑型還會傷害周遭的人際關係，極容易成為團隊中的頭痛人物。

如何產生連結

懷疑型通常都不知道該相信什麼。他們只想要結果，因此會不斷地表達自己的意見，尋找他們認為最能夠增進運動表現的方法。有個非常重要的導火線，讓他們產生這樣的行為。

影響懷疑型的事件例子如下：

個人在之前有過非常不好的訓練經驗，導致降低運動表現、損失大筆金錢或造成身體嚴重耗損。

與訓練或教練有非常負面的連結，特別是造成心理上的傷害，例如教練把訓練當成是打造「硬漢」或懲罰的手段。

無論所尋找的資訊是否值得信賴，都會造成他們的困惑。因為不可靠的來源會提供不完整的資訊，但當運動員沒有生理學、生物力學、生物化學或肌動學相關背景知識，或是解讀錯誤時，即使來源可信賴也會造成重大傷害。

假如運動員的行為榜樣、父母或老師有懷疑型的特質，或不斷灌輸運動員懷疑的概念，這些就會和之前的例子截然不同，因為運動員被教導用懷疑的方式思考，而不是因為教練濫用權力造成運動員有不好的經驗。

與懷疑型相處時，將上述因素放在心上，並時時提醒自己不要因為他們的質疑、缺乏信任或沒有紀律而感到挫折。我知道這有時很困難，身為肌力與體能教練，我們都對科學化訓練與嚴謹課表設計相當自豪，當被質疑或懷疑時，會以為被挑戰，因此產生防衛心或情緒化，企圖宣示主權，讓運動員知道我們才是專家。如果你發現自己與運動員相處時有這樣的現象，先將自己暫時關機再開機。相信我，因為我們天生的企圖心，所以很難做到，但這對心志教練來說非常重要。就我而言，因為有發洩管道，所以跟運動員相處時能保

持冷靜與沉著。我不斷強調正念的精髓，並提醒你不要因此掉入自大所產生的情緒陷阱中。

運動員當然有權利提出質疑，請站在他們的立場思考，他們為什麼要馬上百分百信任我們。當然，或許我們有職稱或頭銜，是他們應該相信凡事以他們利益為優先的人——但這是相當困難的！我不是憤世嫉俗，只是說出事實而已。

當你試著與他們建立信任關係或找到共通點，卻遭到他們反彈，是因為你要他們放棄深信不疑的信念或價值。你認為敏捷梯沒有用？很好！研究證實這個概念，而且幾乎所有教練都同意，但如果運動員認為某種程度上它仍有幫助或是特別喜歡。你應該花點時間了解為什麼他們會這麼執著，唯有如此，你才能教育運動員為什麼類似敏捷梯這樣的訓練不是課表中的要項。

在我的職業生涯中，也曾經對許多訓練方法嗤之以鼻，但事後回想才發現自己有時候太過絕對與武斷。這些日子以來，如果我無法對大部分的器材找到至少一項優點或有用之處，我會認為自己是個失敗者。有時我們無法預測所有狀況，所以請用平常心看待選手在不同狀況下的練習及訓練方法。但這不代表我一定會接受懷疑型所說的最新和最棒的科技——我仍然認為自己是極簡主義者——這只是表示我有彈性。

最後，如果有人質疑你訓練課表中某項特定訓練法，在你回答之前，花點時間思考運動員真正想問的是什麼？問題背後的問題是什麼？有些充滿魅力的領導者或演說者，他們的吸引力有部分來自於了解自己並不是故事的主角，不論他們站在舞台上或舞台後。對某項事物有決定性的主導權或總是高談闊論，並不會增加你對他人的影響力──唯有傾聽和心靈導師才可以。

　　了解懷疑型行為的真正動機和被質疑時的情緒掌控，是與他們產生連結的最好方法。想要成功地與他們建立信任，我們不僅需要適時調整訓練課表與方法，還有我們的人格特質。

教練診療室：

由麥克・貝雷佐夫斯基（Mike Berezowski, CSCS）教練提供

　　在我目前的工作環境中懷疑型運動員占了絕大多數，這非常具挑戰性。我們很幸運能透過 DiSC 人格測驗來了解選手的行為特徵，發現大部分的懷疑型都屬於「C」，也就是認真盡責的類型。這些以任務為導向的個人在做出決定之前，會仔細分析、小心謹慎、確實計算和盡可能地吸收所有新知。因此，當他們對我們的課表設計或訓練哲學，甚至過去的訓練提出質疑，一點也不令人意外。

　　當我開始目前的工作時，有個例子可以供大家參考。我們的選手非常善於球場上的戰術，展現出一般體能準備（general physical preparation）與良好的恢復力。然而，在某些情況下，他們的訓練年數跟不上實際年齡，對我們而言，這意味著缺乏相對肌力。因此，當他們需要透過身體力量才能精準執行戰術與展現技巧時，肌力不足的缺點隨即暴露，導致經常性受傷和進步遲滯。

　　我很幸運能參與一位懷疑型運動員的改變過程，透過分享生活經驗和主客觀觀察來與他產生連結（贏取信任）。這位選手是前第一級別大學美式足球員，坦白說，他是我們的頂尖選手之一，是個天生好手。在我來這裡任教之前，這些選手並沒有教練可以諮商，或引導他們通往正確的道路。這位選手跟大家一樣，他的訓練綜合了運動員的過去背景和過時的訓練方法，並且強調訓練量的重要性。結果就是肌力與體能進步遲滯，軟組織不時受傷。

　　我找他來聊聊。除了想更了解彼此之外，沒有其他目的。但當他發現我有美式足球肌力與體能訓練的經驗時，我注意到他的態度隨即轉變。雖然我們針對他現階段的需求有所爭執，但他還是尊重我的理由與實證執業（evidence-based practices）。這位選手，就像訓練中心其他選手一樣，不斷地問「為什麼？」解釋我們所做的每件事，是教練的職責，這

能讓懷疑者產生共鳴，並且建構信任的基礎。這個現象在我設計他的第一階段課表時還持續存在。

在第一階段時他有許多重要的回饋。他會問「只有五組嗎？」或「你認為九十分鐘夠嗎？」顯示他拒絕接受不同的訓練哲學。我向他保證訓練方法是有效的，並同時運用簡單的「再測法」（test-retest）讓他信服。我告訴他，如果目前的訓練課表成效不如預期，他可以隨時加入之前的訓練方法。他因為有些動作模式與能量系統無法到位，因此產生挫折感（例如，無法完成相關次數或距離），所以我希望他能夠強化自己的弱點。

雖然這位選手已經轉換生涯跑道，但他仍舊信任我。最重要的是，我們把彼此當成朋友。雖然這是老生常談，但真心關懷你的選手能夠讓關係長遠。與懷疑型運動員相處，最重要的就是放下你的自大，適時調整自己並且有耐心地解釋為什麼，用他們能夠理解的方式來溝通與表達。

疑病型

概述與優點

無論是運動抑或人生，通常大腦想什麼身體就會跟著做什麼。對於疑病型來說更是如此。與自我糟蹋型的憂慮特徵很類似，疑病型的人對自己的健康或身體狀態特別敏感。發

現一點點小傷就有警覺性是好的，因為若沒處理好會釀成大禍。正因如此，疑病型讓我們成為更好的教練，因為他們的高度警覺與回饋，可以幫助我們重新思考特定的訓練方式，或是第一次教學時的新策略。疑病型天生的高度敏感，用在訓練中主動積極或準備比賽上也非常有效。有這項特質的運動員，會仔細檢查行動中的每一個步驟，不會過度樂觀或自信。

　　許多教練都曾遇過這樣的選手，就是不斷地問類似問題，例如「我的姿勢正確嗎？」「你能幫我看一下嗎？」「我的（請自行填入身體部位）感覺有點痠／緊，這是怎麼回事？」或「你認為我準備好了嗎？」教練歡迎選手不斷地要求確認，表示他們真的想將訓練做好。如果運用得宜，疑病型運動員將學會哪些徵兆可以避免危險、受傷或準備不足，哪些是身體對訓練過程的正常反應。

弱點

　　疑病型心態的最大缺點之一就是過度反應。雖然他們的心態對發現潛在危險很有幫助，但有時卻太過了，因此常會小題大做。這樣的行為通常是為了掩蓋他們內在的弱點或缺乏自信心，所以他們會用一點點小傷、不方便或不完美作為失敗的預先藉口。諷刺的是，這些自我應驗預言（self-fulfilling prophecy），會因為過度想像而真的實現。

　　疑病型通常會跟強迫症聯想在一起，因為兩者都會極度地先入為主、有強迫性和過度聯想一點小事。這並不是指疑病型（hypochondriac）與醫學上的疑病症（hypochondriasis）有關，我們不是醫生，所以「不能」診斷病情。但多了解背後的原因，可以幫助我們與選手產生更好的關係，並且有更好的運動表現。

如何產生連結

　　你幫疑病型一個大忙，就是讓他們理解沒有所謂最理想的狀態，特別是在運動表現世界。幾乎所有運動員都會有一些狀況，例如舊傷、過去失敗的記憶或生病——有些只是因為運氣不好或時間不對。儘管他們有不安全感和擔憂，但疑病型不需要特別被保護或安慰，因為這兩個方法都比不上避免他們偽裝來得重要。相對地，他們需要處於最不舒服或最不容易的狀況下，然後再一點一滴教育他們。傾聽他們的聲音，並試著了解他們透過問題所表達出的擔憂和想告訴你的事。你將會發現他們所有恐懼背後深信不疑的因素，都是讓他們無法成功的原因。疑病型運動員需要他人不斷地提醒他們的優勢與強項，例如體能或環境，否則他們會陷入永無止境的懷疑與挫折中。當你與他們聊天或討論時，從一開始

的合理擔憂到不必要或過度地憂心時，可以先理解他們的困境，然後再將談話導到正面的方向。人類是複雜的生物，我們的心靈不斷地被形塑，想法也會持續改變。許多人甚至不了解自己的擔憂或恐懼，剛開始，需要花點時間幫他們化解，而不是聚焦於他們的能力。教練的職責就是幫助選手成長茁壯，並且消除腦海中自我否定的負面種子。

有與這麼複雜原型相處的簡單方法嗎？與他們產生連結時，試著運用**認同**、**聚焦**與**改變**。

- **認同**他們的擔憂，並且讓他們知道你聽到了。
- **聚焦**於了解他們擔憂的真正原因。提醒他們歸納出最擔心的事。
- **改變**他們局限的想法。不要裝作沒看到，藉由正面的措辭和敘述重新引導思考過程。換句話說，提醒他們即使有點問題還是可以達到理想的目標。

教練診療室：

由布蘭頓‧瑞艾力克（Brendon Rearick CFSC, LMT）教練提供

我參與過許多運動員的復健之路，他們通常在獲得醫生許可，仍需要持續物理治療的狀態下來找我訓練。我的工作就是將他們的身心靈調整好，以應付比賽。有些選手有疑病

型的特質，像三十歲的業餘足球員彼得（Peter）就特別嚴重。彼得運動員生涯中背部受過許多次傷，最近一次讓他躺了好幾個星期。

彼得一開始來找我時，我發現他對於背部傷害的知識了解得比我多，這類型運動員特別認同「知識就是力量」。我喜歡運動員主動學習的精神，但不幸的是，因為資訊太過浮濫，因此不容易辨別出有用的知識。

許多讓彼得深信不疑的人，都喜歡製造恐慌，他們蓄意運用害怕心理來達到想要的結果。這些紛紛擾擾的訊息讓彼得困惑不已，因此阻礙他的復元進度。彼得想要重新站起來，恐懼是必須克服的障礙之一（雖然不是最大的）。

彼得最明顯的問題就是「過度追求完美的姿勢」。他非常認同只要整天站著、絕對不彎腰和坐下將可以保護脊椎，背部就不會再次受傷。但這絕對會釀成災難。日常作息，例如脫下襪子、拾起洗衣籃、坐在桌子上和上洗手間，都不應該被過度解釋。而且如果他想再踢球，足球運動有可能會一直跌倒，因此我們需要重新訓練他的身體和大腦，讓他能夠進行多面向的動作。

當人們的（請填入身體部位）受傷，通常都會依賴代償策略訓練以避免使用護具。這是身體自然修復的過程之一，因為大腦會保護你的身體。但問題是，當你已經復原了卻還

停留在受傷時的代償機制，因為改變的模式已記憶在你大腦的肌肉神經通路上。疑病型運動員特別會保護身體曾經受傷的部位。你或許注意到有些選手總是穿著舉重腰帶來保護他們的背部，這個做法本意是好的，可以避免急性傷害，但如果長期這樣做會付出代價：核心肌力會降低。

另一個絕佳的案例就是腳踝總是纏滿繃帶、護具或穿高筒鞋。這些方法在比賽時非常有效，但如果平常也這樣，就會造成恐懼迴避（fear-avoidance）。當你綁鞋帶時，應該不會保持脊椎「中立」和穿著舉重腰帶，當然你也不會在腳踝纏滿繃帶時走路。就好像 OK 繃，一旦傷口復原，你還會繼續貼著嗎？

回到彼得身上，一開始時我們讓他的脊椎可以有小幅度的活動，並且讓他知道背部全面活動的重要性。我跟他解釋，關節就是需要活動，如果某個關節不動，整個動力鍊的上游或下游就需要付出代價了。教學指導中的教育部分跟漸進式訓練課表同等重要，跟他們解釋為什麼需要做某項訓練非常重要。

在每次的訓練課程間，我都會用簡單的電子信件或簡訊來關心他的感受，讓他知道我是真心關懷，這是建立認同與自信的關鍵。

就像許多疑病型運動員一樣，彼得每天進行兩次復健

訓練，只要能夠更好，疑病型都願意去做，有時候甚至會過頭。教練的功能之一，就是知道何時能夠讓選手上鉤，你可以在一開始用小小的成功來累積，當時機成熟時再挑戰更大的極限。就像前面提到的，「疑病型不需要特別被保護或安慰，他們需要處於最不舒服或最不容易的狀況下，然後再一點一滴教育他們。」

經過六個月的訓練，彼得終於對自己的身體產生信心。他可以坐、站、走、跑、跳、踢和不加思索地綁鞋帶。他不再擔心走路時要時時刻刻保持良好的姿勢了。當然還是有些訓練動作不適合他的背部，但許多動作對他的背部一點也沒有影響。他對於這些運動與動作有意識，並且已準備好萬全計畫，以備背部不適。

能夠帶到疑病型運動員是件幸福的事，因為他們願意去做任何可以讓他們更好的事。建立信任、教育他們、讓他們在不舒服時有安全感，最後必要時可以讓他們上鉤。

所有原型總結

人充滿能量與適應力，因此你也要有了解他們與適應他們行為的能力。我們常會提到用自己希望被對待的方式來對待別人這個黃金定律，但事實上這有盲點，因為這是假設所有人都跟你一樣、看待事物的方式也跟你一樣，甚至跟你

有同樣的動機。喬治・蕭伯納（George Bernard Shaw）曾說過，「智者使自己適應這個世界，愚者堅持讓世界適應自己，因此所有的進步都有賴駑鈍之人。」事實上，**你**必須要使用**他們**想要被對待的方式來對待他們。但要如何做呢？你可以從觀察入微與試著不傳遞同質性訊息開始。就好比你絕對不會只因為知道刀刃朝向哪一邊，就蒙著眼睛去接住一把將要落下的刀子。是時候停止將溝通策略與建立認同的藝術，視為只是「感覺良好」或「平易近人」的技巧，因為這些都是過去的教練所寫的。相對地，我們必須正視這是你最重要的工具。想要成為傑出的教練嗎？就從改善這些技巧開始！這個章節幫你了解各種類型的運動員，並且提供與他們產生連結的好方法。下個章節將有更多技巧與工具來幫助你。

第四章

建立連結：工具、原則與方法

「行動是所有成功的基石。」

——畢卡索（Pablo Picasso）

我已經在教練這個行業有段時間了，雖然我有許多成功經驗，但也遭遇過不少失敗挫折。與其將這些失敗經驗掩蓋起來不讓人知道，不如將它們拿來當做學習教材。以下我列舉十三個應避免的常見錯誤，這些都是很好的提醒，可以用便利貼將它們貼在辦公室或其他明顯處，幫助你形塑想要的文化。

路障：教練應避免的十三個錯誤

錯誤 1：以自己為中心

運動員並不是你訓練的工具 —— 他們只是與你一起訓練。每天開始訓練前提醒自己，用堅定的信念與運動員相處，而不是要全然地掌控他們，特別是在訓練職業、奧運選手或私人課程時。當運動員行為失當或造成團隊分心時，不要用嚴厲的口吻斥責，如果你太常展現權力，很快就會失效。保持開懷的心胸，彈性是關鍵因素。

錯誤 2：總是想要成為「專家」

做好自己本分和關心你的選手。「傑出是不證自明的，但胡說八道也是」，這句話頗有哲理，或許說得不夠文雅，但你不能否認它的道理。早期我喜歡在訓練時使用專有名詞，部分理由是因為我喜歡科學化，但不可否認潛意識中最主要是想展現自己的聰明才智。我認為使用專有名詞會讓運

動員更加信服我，特別是我年輕的時候。但我錯了，這只有讓我度過不安全感而已。不要掉進這個陷阱中。

錯誤 3：想要成為選手的朋友

　　平易近人是保持良好關係的要素，但在教練工作上，我們的角色是領導、指引和良師益友——不是普通朋友。請尊重與了解其中的差異，我們有位年輕教練就是一個血淋淋的例子。他常會在其他教練不知情的狀況下，參加一位休季期間在我們這裡訓練的職業選手舉辦的舞會。這些活動通常在這位選手的豪宅中舉辦，並且有許多明星或 DJ 參加，現場可謂星光閃閃。因為這位教練沒見過類似的場面，他想盡辦法要贏得這位選手的尊敬，並打入他的社交圈。這樣的友誼慢慢地滲入訓練中，因為他們在組間會談論前晚的「花邊趣事」，很快地，這位年輕教練雖然在那位選手心中占有一席之地，但他卻造成團隊和其他教練的困擾。我們曾經警告過他，但他還是分不清楚界線，並且持續參加那位選手的舞會。不久，我們就要求這位選手離開訓練團隊。

錯誤 4：強迫中獎

　　你的訓練方法需要以科學化為根基，但不是每個人的需求都相同。以我訓練搏擊運動選手的經驗，例如拳擊手和綜合格鬥選手，讓我在這方面學到許多，了解到漸進式負荷可以有多種方式來符合每位選手的能力。不相信嗎？那你將付

出慘痛的代價，因為選手不太理睬你「精心設計的課表」，如此將無法達到你所預期的訓練效果，以及想建立的信任關係。

錯誤 5：活在自己的偏見中

　　不論你或選手的背景為何，學習尊重每個文化和教育程度非常重要。舉例來說，你會不會認為選手喜歡的音樂非常愚蠢？天知道，有時選手要求播放的歌實在讓人受不了，但你最好在一開始時先問他們為什麼喜歡類似的音樂，而不是先批評他們，如此就可以了解他們更多。並且放下「一切都要聽我的」，給選手一定的自主權將會獲得雙贏，讓團隊氣氛更好。「音樂」的例子只是重訓室的案例之一，還包括高科技產品（手機、相機和社群媒體）的使用、服裝規定、語言和是否允許外界參訪等。當然他們的喜好也可能會影響訓練環境，例如他們喜歡的音樂充滿了猥褻的詞彙，或是音樂大聲到他們根本聽不見你的指令。此外手機或社群媒體都可能造成訓練分心，或者是衣服上有冒犯的姿勢、語言或圖案。最重要的是，你所選擇的折衷方法必須根據訓練中心的型態、主要的訓練對象及你的個人價值觀，如何與對方結合在一起。

錯誤 6：訓練課程被運動員的情緒和心情影響

　　幾乎所有曾遇過類似狀況的教練都知道我在說什麼。有些時候運動員就是會漫不經心、眼神充滿呆滯，並且不斷

碎念他們覺得身體如何或那天應該要做什麼。從他們的肢體語言就看得出來，並且通常在熱身時就會顯得心不在焉或草草了事。這時你必須根據自己原本的課程規畫，不予理論。很多時候，我會將整個課程重新再來一遍，告訴選手要清醒了，甚至要求部分選手先走出重訓室再回來，因為我要讓整個課程確實重新來過。有些時候，我會要求自己用盡全力，讓選手也竭盡所能，消弭所有阻礙進行的因素。身為教練，在這種情形下最糟的事，就是沒有把所有能量都發揮出來。如果你想要教他們始終如一的重要性，你就要在行動中展現出來。我並不是說不可以對選手要求更多或提高你的音量，你當然可以這樣做，但只能在有需要的狀況下。運動員需要了解訓練中有很大部分，是學習如何將所有潛能在自認做不到的時候發揮出來。你要確保不讓情緒蔓延，不讓他們牽著你走。專業的表現就是始終如一。運動員需要學習這點，而你必須謹記在心。換句話說，專注在解決問題上，但不讓他們影響你，甚至讓你情緒失控。

錯誤 7：不與其他教練打交道

　　不論你認為自己的等級為何，你需要時時刻刻保持開放的心胸。這也適用在資深教練上，因為他們通常只跟其他資深教練來往。當然，資深教練見過大風大浪，並且有許多第一線經驗，但還是可以從年輕人身上學到無限夢想的可

能性。我聽過無數次有關於志願或實習教練申請被拒絕的原因，只不過是年紀的關係。千萬不要有這樣的想法。別忘了，今天的有志青年，可能會成為明天最具影響力的教練。請給每個人機會，根據他們的技術或表現來評斷，而不是年紀。

錯誤 8：沒有深切自我反思

你必須是自己最嚴格的監督者。我總是在心裡不斷地提醒自己，隨時隨地準備接受各界批評。除了持續反省自己哪裡可以做得更好之外，還可以請其他教練協助你檢視訓練方法、溝通技巧和整體表現。不是偶爾為之，而是應列入常態性事務辦理。這些討論可以提高每個人的水準，並且衍生出更好的討論。另一個方法就是想像自己站在台上（訓練前或後），接受記者連珠炮似的訪問你的訓練哲學。這些練習可以幫你在做決定和之後行動，更精準、專注、務實。也會讓你對自己的訓練方法更有自信。

錯誤 9：界線太過「分明」

最好的教學指導通常遊走在我們做什麼與如何做的灰色地帶，所謂灰色地帶就是針對特定狀況沒有制式的程序或步驟。這是最實際與最大可能性之間的關鍵因素。遊走在這個地帶意味著我們必須保持道德規範，避免對所有行動、外在事物和思考過程過度武斷。我們身處的領域一直在進步，而

且我們與地球上最複雜與情緒化的生物一起工作，儘管所謂的「最佳方案」可能離現狀有些遙遠，但我們仍需採取對現況最有利的策略（可能受限於預算限制、場地空間及運動員水準等等），即使它不是首選或對其他教練來說最有效的。你會看到其他教練在社群媒體、電視或其他媒體上的訓練，也是用同樣的角度思考。因為這些通常只有簡介或片段，而不是故事的全貌。有時候看起來很好的其實並不怎麼樣，但看起來不怎麼樣的卻是最好的（在特定狀況下）。

錯誤 10：成為證照達人

不論如何包裝最新的課程、研討會、新穎的訓練器材或大數據科技產品，可以實際應用在日常教學上的很有限。不要再認為你的專業是建立在參加了多少場培訓課程或講座上，而應該專注於提升目前所能掌握的。換句話說，不要忽略了經驗值。前者是上一些課程（觀察、學習和模仿），後者則是直接親身參與（互動、指導或產製）。未來是屬於願意彎下腰自己動手並創造樂趣的人。

錯誤 11：期望太多與太快

這個問題在本書中已討論過很多次，但還是值得一提。不論這是屬於你與運動員之間或你與自己的期望，如同想要了解歌詞意境，先聽個幾次很理所當然。身為教練，我們通常自認可以掌控一切，能很快地得到想要的結果。但事實上

不然，一位偉大的教練也許在幾個月或幾年內無法看到自己的成效。我們的責任不是只有讓運動員變得更強壯，更重要的是改變團隊文化，但這需要時間和耐心。我們創造長遠正向改變的能力，與觀察和吸收自己行動與表達的能力，相輔相成。

錯誤 12：從不問運動員的意見

你許多頓悟與創見可能不是來自一開始的想法。若是你剛愎自用並且不與每天相處的選手打交道，這樣不只會錯失你**了解**他們的機會，還會傷害你**領導**他們的說服力。與選手保持良好關係，了解他們對訓練課表的想法。

錯誤 13：過於在意

我們通常都認為所有事情都跟我們有關，但事實上很少，如果有的話，周遭清醒的人應該會很想知道我們如何做到的。當我的好友卡爾・考沃德（Carl Coward）說「沒有清醒的人會計較這些的，布雷特，我跟你保證」時，常點醒了我，這並不是悲觀，而是事實。無論你曾經忘記某人的名字、發錯了一封電子郵件或者辛苦所寫的計畫被認為一文不值；接受它吧，並勇往直前。不要讓一件事變成你的身分象徵——你必須了解當你歷經一敗塗地或尷尬的場面時，並不代表你注定一輩子當魯蛇。擦掉傷口上的泥巴，持續面對挑戰，勇敢走下去。這就是最好的解藥。

***

當你繼續這趟旅程時，請緊記這些「不要犯的錯誤」。我們已經學到有些事情會破壞信任（還有如何克服它們），現在讓我們來檢視建立心悅誠服與信任的技巧。

七大信任原則

當義大利雕塑家米開朗基羅被問到如何創造大衛像時，他回答：「這很簡單，我只是將不屬於大衛的都去除掉而已。」這啟發我如何看待教練與選手建立信任關係。有個最直接也最重要的事，就是你可以在一開始時就將阻礙信任與良好關係的石頭搬開（例如前面所談過的事項）。但很明顯地，這樣還不夠，你必須要維繫長遠的關係，並且在日後繼續支持他們。

無論你身處於何種環境，信守下列原則不僅可以幫助你避免教練常見的人際障礙，還可以協助你建立新的方法，讓運動員更有效地達到目標。請你一邊讀一邊記下哪些已經做得很好，哪些需要改進。動筆寫會讓你的思路更清晰，發現不足，然後再寫下一～三個你即將嘗試的方法。別忘了，只是閱讀與了解相關資訊是不夠的——你還必須身體力行。

信任原則 1：一切的根基，不做無意義的事。

　　不論是哪種運動，要協助運動員達到巔峰，沒有比建立信任還重要。當你訓練運動員時，不需要用最新和最好的訓練科技或潮流來讓他們感到驚奇。相反地，與他們聊聊目標，開誠布公地討論如何達到課表所設立的目標。不要怕他們知道你的課表與方法其實非常簡單，因為即使你的課表這麼基礎，卻可以幫助他們達到目標。簡單並不代表容易，而且通常越簡單越能達到效果。很不幸地，目前在肌力與體能界有許多狂人都在傳遞無意義的資訊，更糟的是，都用漂亮的糖衣來包裹。千萬不要成為這些騙子眼中的肥羊啊。堅持自己的中心思想，並且不斷地貫徹執行，成果自然會產生。

　　無論目標是增加垂直跳躍、減少疼痛、增加硬舉重量或重拾信心，運動表現的結果就是選手對你信任及走在正軌上的最好證明。的確，運動產業蓬勃發展，讓一些務實的運動表現教練，很難跟雨後春筍般的「夢幻」俱樂部，或網路社群媒體上的「一週速成教練」競爭。

　　根據每項運動不同的屬性和賽季時間，運動員會在休季期間不停地轉換訓練中心，或是嘗試不一樣的教練。我以前在訓練 NFL 球員時，一位選手在一到兩個月內換了六家以上的訓練中心，是很常見的一件事。運動員會有這樣游牧民族式的行為有許多原因，例如訓練中心剛好是度假勝地、環境

較舒服，或剛好有朋友也在那裡訓練。這對教練來說是很大的挑戰，因為課表執行需要連貫性（幾乎每個好的訓練課表都需要如此）。

　　所以，你如何在幫助運動員增強運動表現的同時，堅持對他們最好的方法？首先幫助他們了解「簡單」並不表示容易達到，然後設計他們容易執行的課表，針對他們的缺點予以調整（例如，等長收縮訓練、離心收縮訓練、不同負荷與體能訓練方式）。同時也教育運動員為什麼這些訓練方法在一開始會遇到挫折，而且基礎動作若沒鍛鍊好就無法得到想要的結果（就像摩天大樓的地基若不穩固將容易傾塌，或運動員越具爆發力的動作越容易造成傷害）。最後，堅持自己的原則，並要求自己朝優秀教育家與課程設計者前進。江湖術士般的教練或許可以招搖撞騙一陣子，但人們最終還是會發現其真面目，而且當人們不斷地追逐下一個最好的訓練方法時，對你來說最好的方法就是留在原地，不隨波逐流。

信任原則 1 的運用

　　專注在行動和語言上。始終如一和真正結果最終將擊敗一時的潮流。但要贏得選手的目光，你還是需要將最簡單的訓練方法，用選手覺得對他們最有幫助的方式呈現。例如談談這些訓練將可使他們身材更好、更有爆發力，另外透過增

強肌力、爆發力與基礎動作訓練可減少受傷機會。找到過去阻礙他們進步的原因，並讓他們知道你所做的一切可協助他們解決問題。

做些「簡單」的挑戰。運動員就像其他人一樣都喜歡接受考驗，且知道自己目前所做的每項訓練是有成效的。請接受你可能需要做些銷售與教育的事實，然後運用一些檢測方法來評估他們身體的弱點、不對稱或姿勢問題。

堅持到底。當運動員決定採用不同的訓練方法或與其他教練合作，你可能會徬徨是否應該改變自己的訓練方法。有時候，你可能需要，但千萬不要因為幾次事件就自我懷疑或多做猜測。好奇心與一點點不安全感是天性，但不要因為「大家」都這樣做，所以你也跟著做。

信任原則 2：教育與 3R 法

大部分頂尖運動員都不在乎我們的訓練方法是否根據最新科學研究，因為最新的科學訓練方法或許可以讓他們眼睛為之一亮，但運動員最終還是會根據訓練過程中與結束後的感覺，以及能否讓他們在場上有更好的表現，來評斷我們和訓練課表。運動員也會在我們堅持的訓練方法中加入他們認定的事實，然後拿來跟同儕或榜樣的訓練做比較。如果我們希望運動員在乎他們的訓練，就必須讓他們用不同角度來看

待。學習基本動作、衝刺技巧或只用空槓來練習新動作，本來就比較枯燥乏味。如果我們想要教育他們到達最高水準，從一開始就要改變他們的想法。我有一個使用多年的工具，稱為「3R 法」。這三個 R 分別代表分析研究（research）、產生共鳴（relate）和重新建構（reframe）。我第一次提到 3R 法是二〇一一年，在安東尼・芮納（Anthony Renna）所主持的「肌力教練播客」（*Strength Coach Podcast*）中。3R 法透過了解運動員的生活與想法，然後用彼此認同的價值觀與經驗分享來溝通，這樣你可以用最自然與真誠的方式與運動員產生連結。重要的是，這可以展現出你知道他們的希望、感受與想法，以及如何解決這些疑慮。這個方法的核心，是根據研究證實人們比較容易聽進跟他們類似、可以幫助他或是他尊敬（或嫉妒）的人的建議。

　　分析研究：分析研究代表先全面了解後，仔細傾聽運動員內心深處的動機。試著找出隱藏在表面原因背後的真正理由，因為這才是他們的內在動機。要有耐心的探究，不要一開始就疲勞轟炸式地詢問選手問題，特別是當他們剛走進訓練中心或你對他的了解不多時。如果你已經當教練一段時間，應該知道一開始運動員多半只會說些場面話，不會吐露內心真正的想法，直到他們認同你和了解你的動機。跟他們聊聊運動之外的事，或是提起你以前訓練過他的朋友或目前

的隊友。很多時候，我會詢問他們喜歡哪位教練，我可能聽過或認識，然後開玩笑地問他們是否注意到這些教練的怪癖，因此可以將他們「周遊在不同訓練中心」的遊牧風格變成我們彼此了解的開端。這樣的溝通通常可以打開運動員的心房，因為我也認識他們的朋友圈，所以他們不再認為我是陌生人，這也使得我們往後有更多的聊天話題。你在這些互動過程中，最重要的，是了解運動員的人格特質與真正動機，因為這些可以幫助你設計符合他們的訓練課表與教學風格。千萬不要忽略他們向你傳達的每項細節，在訓練方面或許你是專家，但你一定要知道一件事實：他們才是自己的專家。如果你想要對他們產生長遠的影響，就必須尊重他們的觀點。

　　產生共鳴：這個部分對較無經驗的教練來說，很容易在剛開始時做過頭了。別試著只是討好你的運動員，相對地，你可以很簡單地創造互相分享觀點與和諧的環境，這樣他們與你相處會更自在，更能接受你的訓練方法。這在大部分的基礎階段很有幫助，一步一步慢慢來，當你說話時看著他們的肢體語言，同時運用社會認同的價值來幫你在這趟旅程中走得更好。當我指導一群運動員時，通常在這個階段會運用社會認同。我要讓新的運動員看到，我會花時間與其他運動員建立良好關係，這可以解除他們的防備心，減少批評時的

刻板印象。一旦讓運動員看到你跟他們很相近，而且有相同的觀念，那麼最後一個 R——重新建構——就會變得比較容易。

　　重新建構：就是我們想要改變運動員對一件事物觀點的參考架構或內在模式。顧名思義，我們自己的參考架構通常也建構在整合過去經驗、身體結構（biological wiring）、文化期待、興趣和情緒上（Parr, 2015）。簡而言之，重新建構就是將一個核心概念拆解，然後幫助選手了解這個概念與其他概念的關聯性，這樣就比較容易讓他們產生連結或了解。重新建構是在產生共鳴之後，因為產生共鳴會影響運動員對人、事或經驗的立即感知，然而重新建構則是從長遠角度在運動員心中刻畫出新的架構，因此他們自己可以拼湊出完整的藍圖。這感覺很像第一次看到視覺錯覺，我們試著幫運動員看到他們心中在過去被遮蔽的圖像。

　　舉例來說，幾年前我和太太救了我們的狗蘿拉（Lola），她是比特犬與拳師犬的混種。這隻狗幾乎沒有攻擊性，而且非常溫馴，但我們有個朋友卻在第一眼看到蘿拉時嚇壞了。我問他為什麼會這麼害怕，他跟我說，因為他曾被一隻流浪的比特犬咬傷，他永遠無法忘懷那景象，所以他在心中就將比特犬與危險畫上等號。我給他一些狗點心，讓他放在蘿拉的活動範圍，然後慢慢地讓蘿拉靠近他。花些時間等待、準

備狗點心和鼓起勇氣拍拍狗肚子，最後他終於了解比特犬並不像媒體報導的那樣危險。他的觀感完全改觀，現在看到蘿拉，他會將她壓倒在地，跟她玩摔角。

我需要教導運動專項選手，為什麼肌力對他們來說這麼重要。或許你會相當訝異，有些頂尖菁英選手認為肌力訓練會讓他們變得更緊繃、痠痛與緩慢，他們不認為肌力訓練對他們的運動專項有幫助。現在，想像一下我使用 3R 架構中的研究分析，與我談話的選手對車子很著迷，我可以運用這個資訊來重新建構他的想法，也就是我們如何打造一個更有力的引擎，而不是刻板地敘述身體如何徵召更多運動單位，來增加力量輸出與動作效率，因為那是運動員最不喜歡但卻最記得住的方法。

有些時候，例如上述狗的例子，重新建構需要用主動方式，然而教導與學習過程卻是很自然的。當我訓練格鬥專家時，不論是用槓鈴或藥球示範一個動作，我會同時想到如何將其核心價值傳達出去，並且用完全不同的想法（更有效的方法），讓他們相信訓練效果是可以轉移的。許多教練沒有認知到這是非常重要的時刻！每當這個時刻發生，我會在訓練結束的第一時間衝到辦公室將過程記下來，然後找出其中的關聯性，作為日後參考。當談到影響、溝通與說服時，你可以將新發現的資訊整合在一起，以釐清是什麼原因導致個

人產生這樣的想法。其他時候，我們或許要解決之前的破碎連結。運動員有時刻意避免某些訓練，是因為聽到一些可能會造成傷害的錯誤訊息，或是有人曾經因為某些動作訓練受傷。無論如何，耐心地幫助選手用新的視野來看待日常訓練是教練的職責。

信任原則 2 的運用

從他人的角度來看自己。我們若要成功地重新建構運動員，需要深入他們的內心，了解他們如何看待周遭環境。從他們的角度來看所有事物。在他們眼中，你的訓練中心或許跟其他訓練中心沒什麼不同。當然，除了門口上的招牌，所有器材幾乎一樣，包括中心的氣氛與整體感覺。但你可以與他人有所區別，就在於你的溝通方式、溝通內容和他們跟你相處是否舒服自在。

重複、重複與再重複。3R 架構中的重新建構，並不只展現出如何將運動員的目標與你的方法結合，也需要找到方法來改變他們對某件事物的觀點，如此改變才能維持更久。他們會與你用相同角度來看待事物，或至少往相同方向前進，這需要透過反覆的練習才能達到。不斷地尋求創意的方法，來提醒選手每個訓練動作與運動項目之間的關聯性。如果是訓練一群足球員呢？讓他們知道增強式訓練的向下降落部

分，與盤球閃過防守球員必須壓低重心有關。高山滑雪呢？讓他們理解下肢訓練的離心動作非常重要，因為由山上高速往下衝時，透過肌力訓練來增加身體的穩定度與力量，可以減少前十字韌帶受傷的風險。相信我，運動員會非常在意這部分，這也就是為什麼值得一提再提。大部分的運動員並沒有學過我們所有的養成，也不像我們這麼了解身體的構造。他們只是接受按部就班的訓練，而不是體育教育，因此要讓他們明白所做的訓練動作，會直接影響他們關心的事情。但他們應該能感受到，或者非常討厭你來告訴他們，所以當你用個人化和目的化方式來建構某件事會更有效。

不要壓迫。有些時候，你會看到某些教練過度建構新的訓練方法，不論他們如何努力，就是無法達成。功能性訓練風靡時就常被濫用（並且之後就被揭穿了）。你的目標是獲得信任與真正的成果，用新奇的事物或八卦來欺騙客戶，只會有損你建立的關係與聲譽。重新建構，但請用老老實實的方法。

信任原則 3：讓大家開心一下吧！

幽默是建立關係與信任最常被低估的工具。身兼喜劇演員、樂團指揮與鋼琴家的維克多‧博格（Victor Borge），有句經典名言，「笑聲是人與人之間最短的距離」。我發現這在人際關係和教學上非常實用，儘管教學上使用隱喻和對比非

常有效且受歡迎，但對許多肌力與體能教練來說，使用幽默感將是一大挑戰。

　　一九九八年，羅納德‧伯克（Ronald Berk）博士根據研究指出，有些大學教授不敢使用幽默作為教學工具，是因為自己不夠幽默、認為教學就應該保持嚴謹。或許很多老是雙手交叉在胸前和板著臉孔的教練，認為這樣才能展現出專注的特質。吹牛大王、A 型人格和軍人風格的印象，幾乎出現在各層級的肌力與體能教練身上，從資深教練到助理或實習教練都可看到。很多時候，有些人深信成功帶領年輕選手必須要威權式領導，並且建立一個有紀律、能吃苦的環境，但這樣實在太嚴苛了。很不幸地，這樣的心態已根深柢固，可是幽默感是個非常具威力的工具。不論你將自己定位在怎麼樣的角色上，幽默感都可以強化人與人之間的交流、和諧與學習。

　　伯克博士說，幽默感就像是教育和建立友好關係上的「去顫器」（instructional defibrillator）。他會這麼說是因為一項關於教學時使用幽默感的研究，在經過四十年的仔細審查後，證實使用合宜與非貶抑的幽默可以強化團隊凝聚力、增加學生與老師之間（還有學生與教學環境）的正向連結及幫助記憶與幽默相關的課程（Banas, Dunbar, Rodriguez and Liu, 2011）。這是一項非常重要的資訊，因為我們都知道除

非學生自己真的想通一個觀念，否則就不算真的學會。用權威的領導或教學方式，或許短期內可以看到效果，但長期來說成效非常有限。

　　哪種幽默最能引起共鳴呢？研究指出需包含三大元素：一般人能夠理解／連結的場景；增加預期、懸而未決或緊張（引起會心一笑的時間點）的感覺；以及意外的超展開、反應或妙語結尾（Berk, 1998）。最重要的是，不能特意嘲笑、詆毀某人或超越界限。

　　對於因為其他理由而關閉內心的 A 型人格來說，可以想想幽默帶來的生理與心理好處，特別是壓力管理與身體循環功能方面——這兩者是運動表現的影響性因素。當微笑時，可以強化呼吸交換過程、降低血壓和釋放穩定情緒的天然止痛腦內啡（Berk, 1998）。心理方面的益處包括降低憂慮和壓力以及增加自尊和自我效能，這些在學習和競爭環境中都是無價之寶。

　　簡而言之：了解建立信任、和諧與教育他人的良方，同時也是增加你與選手健康的好方法，就是幽默！

信任原則 3 的運用

讓我們向喜劇泰斗傑瑞・賽恩菲爾德（Jerry Seinfeld）學

習。幽默隨時隨地都在我們身邊，這也讓「觀察式幽默」（observational humor）的喜劇風格成為受歡迎的類型之一。無論你是教導年輕選手正確姿勢的重要性，或在藥球爆發力上擲（granny toss）訓練中，以較有趣的方法來形容髖部動作，用選手能夠產生共鳴的幽默例子，除了能夠讓他們會心一笑之外，還可以幫助學習。關於藥球爆發力上擲的髖部例子，我有一位在達拉斯牛仔隊（在美國南方）執教的好友，總是告訴他的選手「將你肚子上的花生彈出去」，因為當你在負荷的「鉸鏈」動作下同時全力伸髖，身體的軀幹必須處於較直的角度。他很喜歡用食物來做比喻（這也讓他們容易記住）。身體姿勢的例子很簡單，每當我看到類似「小蒂米」（Little Timmy）的選手 —— 指永遠無精打采的高中或國中生，我就問他，如果有一位很靚的女孩走過他面前，他會怎麼站？他馬上就挺起胸膛。

時機是王道。沒有比想要逗一個人笑或講笑話，對方卻一點反應都沒有還要慘的狀況。可以從聊天中或訓練時加入一點點笑話開始，然後，一旦你掌握到大家的笑點，可以適度地增加頻率。幽默感只是一項工具，在加入故事或笑話之前請三思，你是要用較幽默的方式來傳遞重要訊息，而不是造成學員分心。

照亮他人。厲害的即興喜劇演員深諳成為喜劇泰斗的祕

訣在讓別人更好，而不是將所有鎂光燈的焦點都聚集在自己
身上。照亮他人，讓別人也可以展現出最好的一面。即興演
出最好笑的部分，就是當大家都將注意力集中在其他演員身
上時，自然地創造笑料。讓你的選手進入歡樂的世界，無論
是在更衣室內比賽講笑話或遲到者在大家面前唱歌、跳舞，
萊特・拉爾森（Rett Larson）教練用這個方法與他的中國選
手做訓練，而且廣為人知。你一定可以找到方法，藉由開自
己玩笑或帶給身邊人歡樂來減緩緊張的情緒。

信任原則 4：展現出最真實的自己

　　優秀教練最重要的就是展現最真實的自己，每位教練
的價值觀和溝通技巧不同，風格自然也就不同。不論你的教
學風格為何，有三項不變的要素，就是始終如一、清楚明瞭
和坦白率直。運動的世界已經夠亂了，運動員最需要的，
就是教練能夠保持中立的態度。在伯特蘭・羅素（Bertrand
Russell）所寫的《人類為何而戰》（*Why Men Fight*）這本書
中，有句軍中的老話充分表達出這個觀點：「團結是戰場士
氣最重要的部分，但衡量團結卻是因階級而產生的。」羅素
所說的團結是從上開始，也就是指揮官每句話的真誠程度。
他說了什麼，還有他真的有那個意思嗎？演說本身是一個重
要的引信，可以在一開始的時候點燃團隊合作的欲望；演說

也能激起熱情和導引方向，激勵他人完成計畫。需要完成某項任務時，可以透過演說凝聚力量。時時刻刻提醒自己上述的事項——在我們的言語和行動中——將有助於我們與身邊的人保持團結和諧。

在運動表現的世界中，似乎永遠有上不完的課程。因為總是會有新的學位或證照課程出現。為什麼我們需要一直追逐這些課程或在名字後面增加一些頭銜呢？當然，有些課程有其意義並且需要不斷地學習，但若只為了累積證照而上課並無意義，而且長遠來說，對你建立信任的能力一點幫助也沒有。對於自己的成就感到驕傲吧，讓助人的真誠與熱情成為你最有價值的招牌。即使這些無法呈現在一張證書上，但你的選手每天都看得到。談到長久的信任，沒有什麼比真誠更重要。

論及建立認同和產生更好的結果，真誠的教練和領導者可以展現更大的影響力。影響（influence）與流感（influenza）有相似的詞源並不是巧合，因為都會對人們的健康、行動和信心產生作用，並且像野火般散播開來。人們都喜歡被「付諸行動」和「言行合一」的人領導，偉大的教練和運動員都有「敏銳的直覺」，能夠察覺出騙子，因此千萬不要裝出不屬於你的樣子，不只有損已建立的良好關係，有時候甚至更糟。多年來看到許多人這樣做，於是統整出所謂的「四騎師

症狀」（4 horseman syndrome）作為提醒。有四騎師症狀的
教練通常會有下列特徵：

1. 沒有體驗或克服過個人的挫折、失敗、受傷或困境。
2. 沒有始終如一地用一種方法訓練自己，並且每天展現
   出來的行為跟自己所說的完全不同。
3. 有著自大與不安全感。
4. 不斷地嚴厲批評同業。

當然還有許多適得其反的特徵，包括專注於創造更多追
隨者，而不是原本的工作團體或成員，有的教練甚至還對訓
練方法嚴加保密。即使如此，上述四項特徵危害最大。

信任原則 4 的運用

身先士卒。身為教練，你說的算。你的行動和示範，對
於你想要獲得信任和領導的人來說非常重要。你不需要像位
怪物級的選手，也不需要在重訓室舉得最重，但你卻需要透
過日常生活展現人格特質、身體能力和職業價值，來讓他們
看到一個始終如一的典範，而這些就是你想要創造的文化。
你可以每年至少三次，分析一下自己和你的職員（可以使用
第二章介紹的工具），從你的肢體語言到專業呈現都需要評

估。

不要虛張聲勢。很多時候我們都認為自己應該是超人，因此不能讓別人看出自己很弱的樣子。我們都聽過有些教練會在凌晨三點起床，趁沒有人的時候，先將當天早上要進行的課表自我鍛鍊一次。在本書前面我也介紹過自己曾經歷這樣的階段，甚至還保留某些習慣——特別是我擔任研究助理教練時，會在教學後訓練到半夜。然而，所有優質教練最後都會成長，並認知到自己在時間與人際關係上可以更有效率。自己若沒有察覺到，這些優點可能會成為缺點，而且肌力與體能教練不能只是訓練狂而已。羅伊·迪士尼（Roy Disney）常掛在嘴邊的一句話：「當你很清楚自己的價值觀時，就可以很快地做出決定。」請仔細思考這句話。如果你認真地閱讀本書，我敢說你應該不是只想增加硬舉的最大重量吧！

相信自己。許多教練因為不斷地想要模仿別人，所以到最後失去了方向。你的教學風格就是真實地呈現自己。毋庸置疑，你將會從別人身上學到許多東西，自然也會承接前人的經驗。但如果你想要留下自己的教學風格，就必須展現出自己特殊的天賦和能力。人們天生就會有不安全感，即使看起來相當有自信的人也會有所懷疑。千萬不要害怕批評，也不要讓惡意批評者藉由要成功就必須跟大家一樣給嚇到。你

必須充滿自信且願意接受改變；請接受一件事實，世上沒有最完美的作品，因為你的教學風格會與時俱進。你必須時時提醒自己，千萬不要採用不正確的人格特質來讓人驚豔或贏得尊敬。凡事親力親為，你的傳奇將永恆流傳。自信地呈現出自己吧！

信任原則 5：同理心

同理心可以用禪師 Tanouye Roshi 曾說過的一句話來解釋：「站在另一個人的位置，並從他的角度來思考。」同理心就是設身處地理解或感受他人處境的能力。換句話說，同理心就是能夠將自己置身於別人的處境（Bellet and Maloney, 1991）。本章剛開始探討 3R 法時有提到同理心，現在我們將更深入地探討這個信任原則。我認為同理心是除了真誠展現自我外，與選手建立更好關係或認同的最佳工具。或許有些人會不以為然，但請聽我說完。人們可以裝作很有同情心，你每次打電話給汽車經銷商或客服時，會聽到「為確保服務品質，本次通話將全程錄音」這句話，好像別人真的很關心你，但其實只是自我保護而已。但每個人都這樣想嗎？當然不是，但的確有這樣的狀況。如果你想要強化同理心的力量、範圍和耐心，那麼一開始就要展現出真誠。

如果你真心想維持長久關係，凡事就必須以別人為優先

考量。在我教練生涯的前六年，缺乏同理心與耐心是我最大的情緒障礙。我將訓練視為超越身體極限的方法，並且將任何有關訓練的事都當做成功的動機。但請注意，並不是所有人都跟我一樣。這讓我快要瘋掉，這些人難道不知道他們要做的只是起床，堅持下去，然後專注在每次的訓練課程，這樣就可以達到他們想要的目標。但日復一日，我並沒看到許多選手這樣做。我無法認同這樣的行為或心態，因此我很失望。當然，這樣的急迫感是我自己的問題，這也導致我在幫助別人時容易失去耐心，會這樣部分跟我年輕時曾待在醫院很長一段時間有關，之後才體會到生命是如此的短暫；也因為我缺乏同理心，讓我以為用自己的力量就能改變他們。但我真的鑄下大錯。或許有些人能立即接受，並看到轉變的力量，因為訓練上的急迫感對他們有所幫助；但有些人雖然一段時間因為我而產生改變，但最後還是失敗了，並回到原本的習慣上。我試圖在每個訓練動作上改變他們：從使用滾筒放鬆的方法、熱身時的每個動態伸展到重量訓練的每一下。有時有效。如果有些人沒有達到預定成效，我會認為是他們無法堅持，以致於達不到我的要求。訓練課程結束後我回到辦公室感到非常懊惱，只因為我無法幫助他們，但殊不知我只要站在他們的角度思考即可。

　　同理心和惻隱之心的另一部分，就是溝通時運用情感給

予。情感給予就是當一個人（在這裡是教練）為了讓別人知道他非常了解與關懷他們，主動積極與敞開心胸認同他們的想法、關切的事物和貢獻。大部分的人都有許多話想說，即使他們沒有外顯出來。大部分的人隨時都被數不盡的意見、擔憂、不安全感、問題和奇怪的想法圍繞著，凡此種種會直接影響我們的情緒，妨礙我們達成目標的努力。世界級談判專家處理危機狀況、高風險企業合併、爭取較高薪水，甚至當政治人物遊說法案贏取大眾支持時，都會運用情感給予。我們都喜歡情感給予，因為這讓我們有被支持和認可的感覺，這兩者是我們身為人類不斷追求的目標。當有人認同我們認為重要的事，表示希望我們參與決策，或至少我們對影響特定結果有一小部分力量。你使用這種認同策略，將可獲致贏得他人信任、激勵和影響他人的方法。

信任原則 5 的運用

退一步得到更多。身為教練，我們希望能夠掌握，而不是控制。不要忘了，謙遜是與他人產生連結的關鍵因素，而且如果我們想要建立信任，就不要害怕與選手之間的互動更有人情味。不要害怕讓選手看到自己最真實的一面。比起矯情做作，真誠可以讓你贏得更多尊敬，並且在訓練開始之前將自己的心理狀態準備好。當選手對你感到好奇時，可以適

當地讓他們知道你的個人資訊，藉此產生互惠。畢竟，如果他們對你一點也不了解，你還能期待他們會自動自發嗎？

　　不要害怕批評或惡意攻擊。不要因為某人不認同你的言論就把他視為毀謗者。花點時間跟他們聊聊哪裡有問題，並找出平衡的方式。

　　接受情感給予。我們的情緒、感覺和憂慮需要被認可。讓你的選手知道，你了解他們猶豫不決或害怕之處，並且盡早讓他們知道，你不僅考量了他們的觀點，還深入研究過。

信任原則 6：演說風格＆說服

　　有效地溝通可以將複雜的事拆解成簡單或容易記住的事。這樣做可以產生認知放鬆的感覺，並且讓選手將我們所教導的事項烙印在腦海裡。這也就是為什麼對比和隱喻這麼有力量了——因為它們讓複雜的事物變得簡單且容易記住。多年來，我將這個方法稱為「用顏色說話」（talking in color），因為這會在聽者的心中烙下不同的色彩。廣告商、教練、演說家和媒體巨擘，使用知名的社會心理「說服的路徑」（routes of persuasion）好幾十年了。一九八一年，派提（Petyy）和卡喬鮑（Cacioppo）發表了兩種說服的路徑：中央（central）與邊緣（peripheral），這些路徑的效果，絕大部分是依靠受眾的參與。更進一步區分，中央路徑是根據事

實、統計與論點。中央路徑產生的最大效果,就是接受者對資訊有相當大程度的參與感。反之,邊緣路徑則是用音樂、氣味、恬適感覺或有魅力的模特兒,來誘發你的潛意識。邊緣路徑被證明有效,是因為接受訊息者不論是否同意相關訊息,都是根據傳遞的方式而非訊息本身。因此會受到訊息本身的吸引力或公信力、訊息與他們之間的關聯性和演說者的語調及周遭環境的影響。

哪種路徑對於說服較有效?這必須視情況而定。對於肌力與體能訓練界來說,中央路徑較有效,大部分是因為我們有科學根據的背景,所以會用客觀方式來評量運動表現。邊緣路徑則對想要有大補帖(cliffs notes)的人較有效,而且接受資訊時不需要過度思考。換句話說,邊緣路徑較適合一般大眾,因為他們對事物的專注力很短,而且沒有足夠的時間,或是一些菁英選手只想單純地訓練,不想重溫高中或大學的生理學課程。當聽者對演說主題不熟悉,且只想知道如何使用時,邊緣途徑較能發揮效果。

以下有個運動領域以外的例子:

一九九三年發起惡名昭彰的「你喝牛奶了嗎?」活動,目的是要增加乳品消費。這些活動通常都運用藝人、運動明星、熱門卡通或電玩遊戲主角和其他知名公眾人物,喝完牛奶後在臉上留下白色鬍子,或無法完成的任務喝下牛奶後便

達成了。他們最受歡迎的廣告之一，就是兩個小孩在打超級瑪利歐兄弟，最後，小朋友輸掉是因為他們無法讓瑪利歐成功地跳到指定的平台。也因為這樣，可憐的瑪利歐就一次一次地被擊倒。這時，當瑪利歐看到可憐的小孩離開後，馬上跳出電視機，接著跳過滿地玩具直接衝到冰箱前，這時你會看到他喝下一加侖的牛奶，然後瞬間變得力大無比。這時勢不可擋的瑪利歐回到遊戲內，靠著無窮的爆發力，輕易登上之前讓他難堪的平台。這個廣告的主要目標群眾就是正在發育的孩子，並且用了完美的旁白「想要長高嗎？牛奶中的鈣質可以幫助骨骼成長喔」做結尾。若同樣的廣告但卻使用中央路徑說服法，不再借重超級瑪利歐為主角，而是主角拿著一張海報或圖表，告訴孩子詳細的研究結果，指出鈣質可以幫助骨骼成長，而且一杯八盎司牛奶所含的鈣質比其他食物還多，但結尾的口號一樣是「想要長高嗎？牛奶中的鈣質可以幫助骨骼成長喔」，你認為哪個版本小朋友會比較喜歡？不用多說，當然是瑪利歐能傳遞牛奶可以讓他變得這麼強壯，一定也可以讓你變得強壯的概念。不需要華麗的數字或圖表——只要強而有力的視覺和象徵就可以打動人心。這是邊緣路徑最佳的例子。

信任原則 6 的運用

運用合宜的聯想。對許多選手來說,我們可以運用他們特別喜歡的暗喻、類比、圖示和範例,來產生心理和關係上的黏著度。當教練想要傳遞訊息時,應該多運用這樣的工具和邊緣途徑例子。我們的大腦喜歡用聯想來思考——藉由選手最喜歡的事物來教育他們。

創意性。運用一些創意方法讓你的訓練課表或某項運動容易記住,藉此可以強調特定動作的目標。訓練籃球員嗎?可以運用顏色代碼來標注增強垂直跳躍力、軀幹肌力、膝關節健康或肩關節活動度的訓練,這樣他們對每項訓練的目標就更清楚了。身為教練,我們知道許多訓練強調的不只是一個部位,但類似這樣的做法卻可以讓選手記得更深。

整合共通點。中央與邊緣途徑說服法只有在個人剛開始就在乎的事才有效。以上述例子來說,如果換成對下肢截肢的殘障選手說某項運動可以增強垂直跳躍能力,他會感興趣嗎?聽起來像是極端的例子,但這是我在二十五歲時面臨的狀況,那時我從訓練大學運動員,轉成訓練因作戰導致嚴重受傷或殘疾的美國軍人。為了成功地「用顏色說話」,你的個人經驗要更加豐富,了解對運動員來說什麼是最重要的,而不是一般的口語激勵。

信任原則 7：自主權

　　自主權是激勵他人的基石。身為運動表現教練，你的工作並不是細節管理或掌控每件事。歷史上的獨裁領導者，最後沒有不遭遇反抗、推翻或更慘的下場。不是政治人物才如此，即使在烘焙世界，也有些公司在與消費者產生連結時，學到自主權價值的寶貴一課。

　　在《尋找貝蒂妙廚：美國家庭主婦的烹飪祕密》(*Finding Betty Crocker: The Secret Life of America's First Lady of Food*) 這本書中，作者蘇珊‧馬克斯 (Susan Marks) 詳細說明一九四〇到一九五〇年間，有三家烘焙公司爭著想成為蛋糕預拌粉市場的龍頭。貝氏堡 (Pillsbury) 公司在一九四八年首先推出巧克力蛋糕預拌粉掀起戰役，唐肯牌 (Duncan Hines) 在三年後跟進，推出三種口味混合的預拌粉，攻占了近五成的市場。讓人驚訝的是，儘管這些預拌粉這麼方便，但卻沒有成為家庭必備用品，因為消費者可以輕鬆地取得配方比例，不用大排長龍等結帳。但同時，烘焙公司百思不得其解，為什麼類似貝蒂妙廚萬能鬆餅粉的產品總是賣得最好。

　　問題並不在包裝、廣告術語，甚至口味——答案是在雞蛋。為什麼呢？因為那時候大部分的蛋糕預拌粉都是用蛋粉 (powdered eggs)，為了讓消費者更方便，只要加水和放入烤

箱裡，就可以享用美味的蛋糕了！問題是儘管出發點很好，但這些「漂亮蛋糕」並沒有出現在絕大多數的消費者面前，因為沒有任何東西可以讓家裡的大廚添加，所以整個烘焙過程變得很簡單、沒有成就，也難以加入自己的創意，最後就沒有滿足感或長期黏著度。

最終，通用磨坊（General Mills）得到靈感，決定將蛋粉去除，並且在廣告上強調「貝蒂妙廚蛋糕預拌粉讓你成為獨一無二的主廚，因為你可以自己加入想要的雞蛋！」這個方法相當奏效，因此在一九五一年時，消費者購買了將近十億磅的蛋糕預拌粉，當中絕大多數都是貝蒂妙廚牌的，成功擊敗唐肯牌和貝氏堡。從那之後，「自己加入雞蛋」成為標準程序，現在甚至有更多的變化讓消費者獲得更多成就感。

信任原則 7 的運用

設計基礎架構。以運動員為中心，可以對他們的參與感產生極大影響。設計訓練架構，讓選手可以保持在正軌上，「引導」他們前往正確方向，然後給他們一些喘息空間。

不恥下問。有許多肌力與體能總教練所設計的課表，只有他們自己「吃」得下去。自主權同樣也可以運用在你的助理之間，讓他有更多協助你的空間。一個心志教練並不會羞於啟齒問人，也不是永遠只告訴別人該如何做。當你越能掌

握聽眾的注意力，他們就越能服從你的指導。你需要這些詳細的回饋，因為無論回應與否，都是長期成功的關鍵因素。

第五章
將心志教學運用在訓練與人生上

「相信自己的信念，然後你將可以改變周遭的世界。」

——亨利‧大衛‧梭羅（Henry David Thoreau）

溝通品質和關係品質直接相關，而且關係品質越佳，生活品質便越好。

在書中我們談論了許多成為心志教練的方法，但大部分的焦點都放在與選手的互動上，那我們如何與其他教練產生互動呢？本書並不只是說心志教練要在領導方面特別做什麼（還有如何做），也包含他們在別人面前，甚至是即將跟隨他們腳步的人，所展現出的行為。

但我們不要忘記最重要的一件資產：就是我們的家庭。我們行動所產生的漣漪和溝通方式，都會對我們留下的資產形成重大影響。身為一位心志教練，並不是只學習如何處理運動員的大小事，而是學習如何完善我們的人生與工作。

我們的資產品質可以依據下列三項關鍵績效指標：

1. 當我們努力成為最好的時候，要能夠管理自己的**自大**。
2. 我們有能力也樂意指導，能夠領導教練或準教練。
3. 我們可以找尋家人的相處之道，並且不要成為被動的觀察者，因為我們可以改變周遭的人。

你可以將這三項關鍵績效指標，寫在白板上、輸入手機記事本或電腦內的便條貼。這些事對我們的成長有挑戰，也

是我們最容易忘記、犧牲或忽略的。

這些關鍵績效指標在個人成長上扮演不同的角色，並且形塑我們的個人資產。現在讓我們更深入探討每項關鍵績效指標。我們將從自大開始，因為它被認為是造成嚴重傷害的核心因素。

管理自大＆情緒

在教練世界，通常大家火氣都很大，因為我們是一群充滿熱情的人，而且比他人更熱切分享我們的感受和情緒。我們在彼此和運動員之間，甚至媒體前，會變成習慣性地敘述和捍衛自己的觀點。很不幸地，從最基本的捍衛到強烈的情緒，都會導致無謂的爭辯。我們看著彼此然後想著：「重點是什麼，為什麼他會這麼生氣？」答案通常是因為我們的自大。

自大是個威力十足的破壞者和老練的幻術師。它深深地埋在我們的不安全感中，並且交織在我們的 DNA 裡。自大與偏見會蒙蔽我們、剝奪我們的熱情、破壞我們的認同和傷害彼此的關係。我們可以用盡全力來掌控，但無法完全擺脫它，即使是心志教練會自大——只是他們清楚知道如何拿捏熱情與衝突的界線。心志教練知道自己何時情緒低落，因為這會讓他們遠離長遠的目標。他們知道花點時間來思考過去

的錯誤和成功，是面對短暫不利情況的關鍵要素。

當我們能夠更有效地管理自大時，就更能面對問題，找到更優的解決方案。這對我們的客戶更有幫助，對我們所處的產業也更有利（接下來我將解釋）。

「產業」可以指為經濟或商業活動（如果我們想讓自己與家人溫飽，這樣的解釋一點也沒錯，在本章後面有更多談論），在韋氏字典（*Merriam-Webster*）中，「產業」也代表努力工作的習慣或者是提供產品或服務的企業。我不知道你的想法為何，但用努力工作和服務來形容我每天的工作相當精確。一個偉大產業的特點——希望我們的產業也如此——就是能夠持續提供相同品質給其他人或者全世界，這當中需要透過專業。產業要永續發展必須適應當代的文化規範和基礎構造，因此會有各種樣面，但卻依然能夠保持初衷。想想全世界最古老的產業——例如，木匠、水電工、商人和老師——你會發現這些工作都需要技藝，並且經過不斷地淬鍊，代代相傳。如果我們的自大超過一切，這些技藝將無法有效地發揮。作家萊恩・霍利得（Ryan Holiday）說得很正確，「自大是最大的敵人」。

指導

經驗豐富的工匠最開心的時刻，就是學徒出師那一天，

也就是學徒的能力逼近師父級水準。這是非常令人驕傲的時刻，因為老師傅很欣慰有人可以傳承，並引領這個產業繼續往下走。早期所謂的師徒制，是學徒們日復一日地到鐵匠的鑄鐵廠幫忙，他們仔細地觀看師傅熔化、敲打和鍛鑄鋼或鐵，以鑄造成保護家園的兵器或日常生活工具。他們對自己的作品非常自慢，學習技藝的過程特別讓人感到光榮。

有段話敘述了過程的重要性，深深地烙印在我腦海中。這段話出自羅伯·葛林（Robert Greene）撰寫的《想生存、先搞定遊戲規則：出社會就該了解的五角法則》（*The 50th Law*）的第八章「看重過程——精通」。

「愚蠢的人希望所有的事情都能快速而簡單——金錢、成功和別人對他的注意。沉悶單調是他最大的敵人和最害怕的事，無論他如何努力掌控所獲得的一切，最終都是來得快去得也快。從另一方面來說，你若是想要超越競爭對手，就必須建構強而有力的根基，不斷地下苦功。而這最好的方法就是成為學徒。你必須及早學會忍受枯燥乏味的練習，並深信這些練習時間將會變成——精通一項技藝和更好的自己。你的目標是要達到爐火純青的技藝——就是閉著眼睛也知道接下來要做什麼。」

這段話的重點為何？下苦功和半吊子的心態完全不同。這對師父和學徒來說尤其如此，因為真正的指導需要花費許多時間、精神和努力來對待每位學徒。或許這在你職涯的某個階段相對容易，因為你沒有太多外在的事物或責任，然而最終你會將指導的承諾置於工作、旅遊、個人和家庭之上，但是必須付出情感所以也沒那麼容易達到。

我已數不清有多少實習和志願教練，在我花了無數的時間和精神後，最終卻放棄或陷入填鴨式教育的慣性裡，而不是靠自己思考或摸索。這大部分的責任都在我身上，因為我通常會立即把知道的都告訴他們。抑或，我發現自己太早出手援助，但我分配任務給他們的初心，是希望他們遇到挫折後靠自己摸索找到解決方法。早期我十分熱切地希望給大家我以前沒有得到的，在我開始職業生涯的前四、五年，我從來沒遇過一位「真正的導師」——告訴我路該怎麼走、該讀什麼書、如何設計最好的訓練課表或與他人互動。想看我出糗失敗的人，比想讓我成功的人還多。有些人甚至千方百計不讓我得到應有的職位。我的故事並不特殊，因為類似的案例如過江之鯽。我後來慢慢了解這些人的小動作，只不過是他們的不安全感所造成的。

我一直以來認為自己缺乏正式的教育和引導，是職涯發展受限的因素，但後來卻發現這是我的福分。因為缺乏正式

的引導，讓我學會自己解決事情。我學會尋找所有的資源，在我還是志願教練時，會將所有看到的訓練寫在筆記本內，如果教練無法撥出時間回答我的問題，回家後我就自己搜尋相關研究，然後整合出動作的優缺點。

我後來也理解到，儘管自認沒有心靈導師，但事實上，在我身邊的人都是我的導師。詆毀或傷害我的人，教我哪些事情不能做；研討會中說話得體、發音清晰的講者是我的導師；我閱讀的書籍，社論、吹捧性文章或研究論著的作者同樣也是。我很快地發現，如果你能閉上嘴巴仔細地觀察和持續地務實工作，這些「實際導師」都會讓你有所收穫。

一旦你決定要成為導師，學生也展現出極高的承諾和對過程的尊重，但還有一些步驟要完成，如果你想被視為偉大的導師，首先必須了解為什麼被認為是偉大的導師很重要，你想要留給後世什麼？就像本書中討論的許多主題一樣，這個決定和內心「使命宣言」，將讓你更清楚知道要傳遞什麼給學生。這個使命宣言是如此的重要，因為它並不會停留在學生身上，而是透過學生不斷地傳承下去。

親身指導比獎盃、功績、獎勵和認同都重要，因為如果你沒有分享成功的故事和過程，這些幾乎沒有意義（除了你的自我意識外），這也是你如何讓這個產業前進的力量，並創造出你引以為傲的傳奇。死記硬背的知識，永遠無法取

代透過故事分享和實際教學指導的真正智慧。無論你是在資源短缺下仍打造出極佳的訓練環境，或是你必須在兩週內，贏得二十三位對你充滿懷疑的特種部隊成員的信任——這種「爐邊談話」（fireside chat）最能對年輕教練產生深遠影響。

有效指導是出版這本書的主要原因之一。年輕的教練急於囫圇吞棗，無法將資訊或知識融入生活，讓它更具意義。這也是為什麼我要盡所能地提供有科學根據的事實，以及這些事實應用的深層動機。換句話說，這本書並沒有停留在某個概念上，而是探討如何將這些概念融入生活當中。如果這本書有參考價值，未來將會有更多的心志教練。

對於心志教練來說，指導應該是一種榮耀，而不是一種負擔。

對於年輕教練最後的建言是，勇敢地表達與體會你自己的想法，無論你的內省能力和心智成熟度如何，如果沒有將自己置於艱苦的環境堅持下去，你將無法領導他人。

最後，請謹記在心：指導是雙向的。想些創意的方法回饋給你的導師，這樣你將能創造更好的關係，強化未來學習之路。你可以寄張親手寫的卡片，或是特地幫導師做事讓他輕鬆一些，最重要的是，導師付出時間與精力教育我們，要心懷尊敬和感謝之意。有時候一點點的互惠，會讓你的人生與職涯產生莫大的改變。

給自己&家庭：更好的職涯及生活

這趟美好的旅程即將畫下終點，必須坦白說：我一直以來的願望就是能夠退休，以及成為自己和他人眼中最棒的教練。在此同時，我也希望能夠讓家人生活無慮。

對，這是我說的！

為什麼有一種解脫的感覺？因為對於教練來說，想辦法賺錢和提升社會地位好像是件見不得人的事，但很不幸地，這是目前運動表現教練普遍的想法。「成功」這個字幾乎成為「售罄」的同義字，而且不同派系的教練，幾乎都將時間花在互相競爭而不是合作上。是的，自大又再次抬頭了。現在當某位教練開始成名，抑或某位教練有前瞻的思維時，謠言就會開始質疑他的所作所為，然後所有批評者就會無所不用其極地證明這位教練是錯的，或稱他是騙子。現今這種政治迫害行為隨著社群媒體的興起而激增，因為批評者幾乎不費吹灰之力就可以評斷、指摘或錯誤解讀一個動作（但事實上這只是一張快照），甚至斷章取義地大放厥詞，因此出現眾所周知「你所看見的就是全貌」的謬誤。在別的行業你可以完成一件「大事」，然後過著優渥的生活，但教練這行卻不行。我們必須要有所抉擇：你可以離群索居，遠離世俗（除了那些跟你一樣的人之外，很少人知道你是誰），或者是

擁有自己的事業，這可以讓我們有較多的自由、自主權把事情做得更好，而且較有餘裕做理財規畫。

　　為什麼事情變得非黑即白呢，是我少了什麼嗎？當教練捨棄了傳統的口號「第一個到，最後一個走」，而改用「聰明的工作，然後休息」，這樣有錯嗎？唯有如此才能更有效率地工作，有時間陪伴孩子。

　　同樣地，有些「私人教練」在指導不同運動領域的選手或學員之餘，同時創造屬於自己的品牌，因此可以增加更多收入養家活口，這樣有什麼問題嗎？我們不是都在追尋相同的目標嗎？我們應該把重心放在享受最好的人生上，因此盲目地「滿足」他人的期望是不合理的，特別是將成功建構在犧牲自己、健康和家人上。恕我直言不諱：這是胡扯！

　　心志教練即使經歷過職涯不同階段，仍然會花時間在家人和自己的健康上。我們雖然是藍領階級，但不代表我們不能有更好的生活品質。坦白說這不是件容易的事，但努力工作不就是為了家人嗎？

創造好選手也創造更好的人

　　「心志教練」是行動、態度，指引你成為領導者的路線圖。就像處於困惑或混亂中，簡單化可以馬上讓你清楚的看見事物本質，心志教練提供你一個架構、觀點，甚至是一個

劇本，讓你可以更清楚了解哪些觀察或溝通的方法，可以運用在訓練上。從長期來看，它也幫助我們選擇「更合適的檔位」、讓我們了解每位客戶的個人特質，以及會遇到的各種特殊狀況。

　　身為一位專業教練，心志教練的觀點可以幫助你看清事物的本質，不被自己的偏見影響。這對成功管理自己的行為、見解和關係很重要。經過長時間地觀察與淬鍊，這些觀念就會內化到你心中，你就可以分辨出潮流趨勢和不斷向大眾或媒體吹捧銷售的真偽。心志教練可以幫助你由內而外地強化與選手之間的關係，幫助你在訓練時更有效率。透過這樣的影響——建立真正的認同——將可建立更長遠的關係、更良善的溝通，以及更好的行為改變，最後你的傳奇將流芳百世。建構真正的信任，你不只在過程中創造一位更好的選手，同時也創造一位更好的人。

附錄

建立關係的 3+1C 架構

關係和社會心理學的研究已經很長一段時間了，但運動心理學直到二十一世紀才發展出關於運動的特定模式，例如由索菲亞‧喬伊特（Sophia Jowett）博士在二〇〇七年所提出的「3+1C」。喬伊特博士明確地指出，教練與選手之間的互動關係，會影響訓練的品質與成效（Jowett and Poczwardowski, 2007）。

「3+1C」架構由四個部分組成：

- 親近（closeness）
- 互補（complementarity）
- 承諾（commitment）
- 共向（co-orientation）

以下我會簡短地介紹每個 C，若想一窺全貌，強烈建議你看完整本書，才會對每個主題有更深刻地認識。這個架構

對本書所談論的許多概念都有深遠影響。

親近

　　親近著重於教練與選手之間的情感，和雙方如何看待彼此合作關係與每天互動的情緒（Jowett, 2006）。你可以將情緒視為內在的感覺，以及教練與選手在訓練過程或日常談話中如何表達內在感覺，或許這樣對你較有幫助。這讓我想起早年曾經跟隨的一位教練，他認為選手不能知道教練在想什麼──因為教練就是要隱忍克制情緒。他相信若能將情感抽離，會讓他在選手心中顯得更加穩重──這就是堅強領導者應有的──但總是事與願違。他教導的選手從來都不知道他在想什麼，因此很少人能開誠布公地與他溝通。這樣的障礙導致一些選手感到莫名的緊張，也因為缺乏信任而降低持續成功的機會，更沒有動力去做到他的要求。

互補

　　互補代表教練與選手之間的互動。更具體的說，就是教練與選手如何看待彼此互動過程中的合作本質，例如訓練中的共同努力或反應，還有教練與選手認為何種互動可以產生有效的合作（Jowett, 2005）。你可以將行為想成一種根據內在感受的表達方式，也是教練和選手之間的互動如何達到妥

協的方法。比起其他類型的運動員,跟格鬥選手一起訓練,
讓我更加了解互補這個概念。我發現自己不斷地希望格鬥選
手,在執行我的課表和換掉不需要的訓練(根據他們當天與
立技、巴柔或摔角教練的課表而定)中間找到平衡。這些格
鬥選手因為信任我,所以讓我成為他們的訓練團隊之一。他
們看到我會及時地調整訓練課表,避免造成訓練傷害,因此
認為我是以他們的利益為優先考量。這樣的折衷方法在情感
上有特殊之處,因為格鬥運動非常個人化,所以選手們很容
易顯露出脆弱的一面。比起團隊運動選手,他們顯露出來的
情緒與內在感受一致,因為他們非常了解自己,所以也很清
楚他人的想法。這對教練來說,在掌控與折衷之間,找到比
平衡更是重要的事。

承諾

　　承諾著眼於教練與選手之間的認知,代表著教練與選手
如何看待彼此的關係、定位和努力的長遠方向(Jowett and
Ntoumanis, 2004)。在此我分享一個與前 NFL 球員之間的故
事,這位球員曾因行為問題而被禁賽一年。在他禁賽的那段
時間,全世界似乎離他而去,媒體甚至每天都用與事件無關
的「事實」來汙衊和羞辱他。這些社群媒體上的鍵盤魔人,
極盡所能地詆毀他,甚至連他的好友都沒有給他一通溫暖的

電話。但這卻是他最需要，也是我決定要做的事。在這樣的時刻，任何稱職的教練都會再次強調對彼此的承諾，並且讓選手知道你對他的支持不會動搖。當他被放逐只能在旁觀賞的整個傷心球季，我們還是持續地訓練。一年後，他被其他球隊簽走，不只收到明星賽的邀請，同時還讓一年前看衰他的媒體讚許他的決心。

共向

　　共向是由前面幾項交織而成的 —— 親近、互補和承諾 —— 教練與選手之間的關係。言簡意賅地說，就是教練與選手如何從達到某種程度的共同點，來看待自己和彼此（Jowett 2005）。當前面三項都達到後就會形成共向。這是真實合作關係的基石，也是當教練與選手彼此感到被尊重，同時了解雙方的目標而形成的。

　　3+1C 最重要的觀點就是，教練與選手關係的品質與效率，是建構在如何了解雙方，因此能夠適切地適應彼此與做出反應。雖然你花在與選手建立關係的時間很重要，但如果你和選手能夠真正做到上面每一點，每次相處的時間長短就不重要了，因為你們已經能夠在很短的時間內產生更多的心靈交會（Knowles, Shanmugam, Lorimer, 2015）。

　　身為擔任過團隊與私營部門的教練，這是我最能看清楚

的一件事。在團隊方面，選手是學校或職業球團的一分子，因此一般來說，教練與選手之間有許多機會和時間彼此了解與互動。或許時間會因自由球員制度、出賽權、練習時狀況不佳、訓練營和比賽等等而縮短，但整體來說，因為有團隊的價值與目標，所以選手的目標會與教練一致。教練與選手的關係也會因為長時間相處、在競爭激烈的球季而增溫。

　　相對地，在私人教練方面，一位選手與教練相處的時間，可能短到參訪訓練中心的一小時、旅行中短暫停留的一天、一週的「沾一下」訓練、一個月的短期訓練週期。一年以上極少見，這通常只會發生在運動員重大受傷後復健、當下未與任何球隊有合約（自由球員）或者遭到禁賽或其他處罰。隸屬於球團時，他們必須與教練在一起；當成為自由球員時，就不需要了。所以你很快就會了解到，不只要快速地建立信任感，還要讓他們知道你將如何幫助他們，並且把他們的需求擺在第一位，而不是用噱頭來糊弄他們。

　　當我是私人教練時，我總是在訓練選手之前做好相關功課。這讓我在第一次互動時可以產生良好關係，而這關係也因為我會花些時間關心他們（用尊敬但直接的方法）：「為什麼會選擇走進我們的訓練中心？」而更加穩固。然後我會說明我的訓練方法及為什麼我要使用這個方法，我會根據選手的目標與需求來調整訓練內容。請記得，當你這樣做時不

要盡說行話，讓選手看到你對他們的承諾更重要，特別是你要求他們相信你的訓練過程。在訓練開始的第一堂課或第一週，我會詳細地解釋訓練課表中彼此關心的地方，來證明我的主張。我也會了解他們的溝通喜好，並且讓他們知道我的溝通方式。這只是個開始，而且只是談到如何將 3+1C 架構運用在我的職涯上。有關這些技巧與策略的深入探討，都在本書的後半部章節裡。

　　請記住，我們並不是要得到選手最好或最誠實的答案，也不是每個互動都會成功。事實上，有些情況還可能會造成傷害。但最重要的是，讓選手知道我們永遠將他們擺在心中第一位置，並且努力地朝共向合作邁進。

參考文獻

Banas, J.A., Dunbar, N., Rodriguez, D., and Liu, S. (2011). A Review of humor in education settings: Four decades of research. *Communication Education*, 60 (1), 115-144.

Bellet, Paul, S., and Maloney, M.J., (1991). The importance of empathy as an interviewing skill in medicine. *Journal of the American Medical Association*, 226 (13): 1831-1832.

Berk, R.A., (1998). *Professors are from Mars, Students are From Snickers*. Madison, WI: Mendota Press.

Bortoli, L., Bertollo, M., and Robazza, C. (2009). Dispositional goal orientations, motivational climate, and psychobiosocial states in youth sport. *Personality and Individual DiTherences* 47, 18-24.

Burke, K.L. (2005). But coach doesn't understand: Dealing with team communication quagmires. In M. Andersen (ed.), *Sport Psychology in Practice* . Champaign, IL., Human Kinetics

Carron, A.V., Colman, M.M., Wheeler, J., and Stevens, D. (2002). Cohesion and performance in sport: A metaanalysis. *Journal of Sport and Exercise Psychology* 24 (2), 168-188.

Cialdini, R. B., Borden, R. J., _orne, A., Walker, M. R., Freeman, S., & Sloan, L. R. (1976). Basking in reThected glory: Three (football) studies. *Journal of Personality and Social Psychology*, 34, 366-375

Clance, Pauline Rose; Imes, Suzanne A. (1978). The imposter phenomenon in high achieving women: Dynamics and therapeutic intervention. (PDF). *Psychotherapy: Theory, Research & Practice*. 15 (3): 241–247.

Dasborough, M. T. and Ashkanasy, N. M. (2002): "Emotion and attribution of intentionality in leadermember relationships," *The Leadership Quarterly*, Vol. 13, pp. 615–634.

Davidai, S., and Gilovich, T. (2015) What Goes Up Apparently Needn't Come Down: Asymmetric Predictions of Ascent and Descent in Rankings. *Journal of Behavior and Decision Making* 28: 491–503

Deluga, R. J. (1997). Relationship among American presidential charismatic leadership, narcissism, and rated performance. *The Leadership Quarterly*, 8, 49–65.

DeVito, J.A. (1986). *The Interpersonal Communication Book*. New York: Harper and Row.

DeVito, J.A. (1994). *Human Communication: The Basic Course*. New York, NY: HarperCollins.

Douge, B. (1999). Coaching adolescents: To develop mutual respect. *Sports Coach* , Summer, 6-7.

End, C. M., Dietz-Uhler, B., Harrick, E. A., & Jacquemotte, L. (2002). Identifying with winners: A reexamination of sport fans' tendency to BIRG. *Journal of Applied Social Psychology*, 32, 1017-1030.

Farmer, S. H., & Aguinis, H. (2005). Accounting for subordinate perceptions of power: An identity-dependence model. *Journal of Applied Psychology*, 90, 1069-1083.

Galinsky, Adam D., and Maurice Schweitzer. *Friend & Foe: When to Cooperate, When to Compete, and How to Succeed at Both*. N.p.: Crown Business, 2015. Print.

Goethals, George R., and Scott T. Allison. "Making Heroes: The Construction of Courage, Competence, and Virtue." *In Advances in Experimental Social Psychology*, edited by J.M. Olson and M.P. Zanna, 183-235. Vol. 46. San Diego: Elsevier, July 2012.

Goleman, Daniel. *Emotional Intelligence*. New York: Bantam, 1995. Print.

Gleason, T.A. (2015). Psychology of Training Football Players: Improved Performance and Success. *Strength & Conditioning Journal*, 27, 102-108.

Grant, Adam. "Goodbye to MBTI, the Fad_at Won't Die." *Psychology Today*. 8 Sept. 2013. Accessed 8 May 2015.

Greene, R. (2012). *Mastery*. New York, NY: Viking.

Holt, N.L., Black, D.E., Tamminen, K.A., Mandigo, J.L., and Fox, K.R. (2008). Levels of social complexity and dimensions of peer experience in youth sport. *Journal of Sport and Exercise Psychology* 30, 411-443.

Honeywill, R.(2015). *The Man Problem: Destructive Masculinityin Western Culture*. New York, NY: Palvgrave . Macmillan

Jehn, K., & Mannix, E. (2001). The dynamic nature of conflict: A longitudinal study of intragroup conflict and group performance. *Academy of Management Journal*, 44, 238 –251.

Jowett, S. (2007). Interdependence analysis and the 3+1Cs in the coach-athlete relationship. In S. Jowett and D. Lavallee (eds), *Social Psychology in Sport*. Champaign, IL: Human Kinetics.

Jowett, S. and Poczwardowski, A. (2007). Understanding the coach-athlete relationship.

In S. Jowett and D. Lavallee (eds), *Social Psychology in Sport*. Champaign, IL: Human Kinetics.

Judge, T. A., & LePine, J. A. (2007). The bright and darksides of personality: Implications for personnel selection in individual and team contexts. In J. Langan-Fox, C. Cooper, & R. Klimoski (Eds.), *Research companion to the dysfunctional workplace: Management challenges and symptoms* (pp.

332　355). Cheltenham, UK: Edward Elgar Publishing.

Judge, T.A., Piccolo, R.F., Kosalka, T., (2009) The bright and dark sides of leader traits: A review and theoretical extension of the leader trait paradigm. *The Leadership Quarterly* (20) 855-875.

Kahnemann,D. (2011).*Thinking Fast & Slow.* New York, NY: Farrar, Straus and Giroux

Kaplan, R.M. & Saccuzzo, D.P. (2009) *Psychological Testing Principles, Applications, and Issues.* 7th Edition.

Kashdan,T, and Biswas-Diener,R. (2014). *The Upside of Your Dark Side: Why Being Your Whole Self— Not Just Your "Good" Self— Drives Success and Fulfillment* . New York, NY: Hudson Street Press.

Kavussanu, M., & Roberts, G.C., (2001). Moral functioning in sport: An achievement goal perspective. *Journal of Sport and Exercise Psychology* 23, 37-54.

Kim, J., Allison, S. T., Eylon, D., Goethals, G., Markus, M., Hindle, S. M., & McGuire, H. A. (2008). Rooting for (and then abandoning) the underdog. *Journal of Applied Social Psychology*, 38, 2550-2573.

Knowles,A.M., Shanmugam,V., and Lorimer,R. (2015). *Social Psychology in Sport & Exercise: Linking Theory to Practice.* New York, NY: Palgrave Macmillan.

Kouzes, J. M., & Posner, B. Z. (2003). *Credibility: How Leaders Gain and Lose it, Why people Demand It.* 2nd Edition. San Francisco, CA: John Wiley & Sons, Inc.

LaVoi, N.M. (2007). Interpersonal communication and conflict in the coach-athlete relationship. In S. Jowett and D. Lavallee (eds), *Social Psychology in Sport* (29-40) Champaign, IL: Human Kinetics

Lawrence, Paul R., and Nitin Nohria. *Driven: How Human Nature Shapes Our Choices.* San Francisco: Jossey-Bass, 2001.

Leary, M. R., & Kowalski, R. M. (1990). Impression management: A literature review and two-component model. *Psychological Bulletin*, 107, 34-47.

Lerner, M. J. (2003). The justice motive: Where social psychologists found it, how they lost it, and why they may not find it again. *Personality and Social Psychology Review*, 7, 388-399.

Marks, Susan. *Finding Betty Crocker: The Secret Life of America's First Lady of Food* . New York: Simon & Schuster, *Food.* 2005. Print.

Mellers, B., Schwartz, A., Ho, K., and Ritov, I. (1997). Elation and disappointment: Emotional responses to risky options. *Psychological Science*, 8, 423-429.

Montgomery, B. (1988). Overview. In S. Duck (ed.), *Handbook of Personal Relationships: Theory,*

Research and Interventions. Chichester: Wiley.

Nettle, D. (2006). The evolution of personality variation in humans and other animals. *American Psychologist*, 61, 622-63.

Nicholls, J. (1989). *The Competitive Ethos and Democratic Education.* Cambridge, MA: Harvard University Press.

Northouse, P. G. (1997). *Leadership: Theory and Practice.* Thousand Oaks, CA: Sage Publishing.

Parr, B. (2015). *Captivology: The Science of Capturing People's Attention.* San Francisco, CA: Harper One.

Paunonen, S., Lonnqvist, J., Verkasalo, M., Leikas, S., and Nissinen, V. (2006). Narcissism and emergent leadership in military cadets. *The Leadership Quarterly*, 17, 475–486.

Pells, Eddie, March (2015). Science shows March Madness fans cannot resist a underdog. Retrieved November 29th, 2015, from http://collegebasketball.ap.org/article/scienceshows-march-madness-fans-cannot-resist-underdog

Petty, R.E., and Cacioppo, J.T. (1981). *Attitudes and Persuasion: Classic and Contemporary Approaches.* Dubuque, IA: Brown Company Publishers

Pink, D.H. (2012). *To Sell is Human: The Surprising Truth About Motivating Others.* New York, NY: Riverhead Books

Poczwardowski, A., Barott, J.E., and Henschen, K.P. (2002). The athlete and coach: Their relationship and its meaning. *International Journal of Sport Psychology* 33, 116-140.

Pope, J.P. and Wilson, P.M. (2012). Understanding motivational processes in university rugby players: A preliminary test of the hierarchical model intrinsic and extrinsic motivation and the contextual level. *International Journal of Sports Sci Coaching.* 7: 89-107.

Rahim, M. (2002). Toward a theory of managing organization con_ict. *International Journal of Conflict Management.* 12 (3), 206-235.

Roberts, G.C., & Ommundsen, Y. (1996). Effects of achievement goal orientations on achievement beliefs, cognitions, and strategies in team sport. *Scandanavian Journal of Medicine and Science in Sport*, 6, 46-56.

Rosenthal, S. A., & Pittinsky, T. L. (2006). Narcissistic leadership. *The Leadership Quarterly*, 17, 617–633.

Russell, Bertrand. *Why Men Fight.* London: Routledge, 2010. Print.

Shepperd, J.A., & McNulty, J.K. (2002). The affective consequences of expected and unexpected outcomes. *Psychological Science* 13, 85-88.

Smith, R.E., Smoll, F.L., and Cumming, S.P. (2007).Effects of a motivational climate intervention for coaches on young athletes'sport performance anxiety. *Journal of Sport and Exercise Psychology* 29, 39-59.

Skeptic. (n.d.). Oxford English Dictionary. Retrieved December 09, 2015 from OED.com website, http://www.oxforddictionaries.com/us/de_nition/americanThenglish/skeptic

Snyder, C. R., Lassegard, M., & Ford, C. E. (1986). Distancing after group success and failure: Basking in reThected glory and cutting o_ reThected failure. *Journal of Personality and Social Psychology*, 51, 382-388.

Takahashi, H., Kato, M., Matsuura, M., Mobbs, D., Suhara, T., & Okubo, Y. (2009). When your gain is my pain and your pain is my gain: neural correlates of envy and Shadenfreude. *Science.* 323, 5916 937-939.

Tamir, D.I., and Mitchell, J.P. (2012). Disclosing information about the self is intrinsically rewarding. *Proceedings or the National Academy of Sciences of the United States of America.* 21, 8038-8043

Tajfel, H., & Turner, J. C. (1986). The social identity theory of intergroup behavior. In S. Worchel & W. G. Austin (Eds.), *The social psychology of intergroup relations* (pp. 7-24). Chicago: Nelson Hall.

"The Master Impostor: An Incredible Tale." LIFE Magazine. 1952-01-28. Retrieved 10/17/2015

"Time" Accessed July 3rd, 2016 http://www.merriamwebster.com/dictionary/time.

Uhl-Bien, M., Marion, R., & McKelvey, B. (2007). Complexity Leadership Theory: Shifting leadership from the industrial age to the knowledge era. *The Leadership Quarterly,* 18, 298-318.

Underdog. (n.d.). Online Etymology Dictionary. Retrieved December 03, 2015 from Dictionary.com website, http://dictionary.reference.com/browse/underdog

Van de Pol, P.K.C., Kavussanu, M., and Ring, C. (2012). Goal orientations, perceived motivational climate, and motivational outcomes in football: A comparison between training and competition contexts. *Psychology of Sport and Exercise* 13, 491-499.

Vandello, J. A., Goldschmied, N., & Richards, D. A. R. (2007). The appeal of the underdog. *Personality and Social Psychology Bulletin*, 33, 1603-1616.

Vazou, S., Ntoumanis, N., and Duda, J.L. (2005). Peer motivational climate in youth sport: A qualitative inquiry. *Psychology of Sport and Exercise* 6, 497-516

Why Hogan?|Hogan Assessments www.hoganassessments.com. Retrieved 2016-09-25.